PC-SCHULE FÜR SENIOREN

FACEBOOK

für Einsteiger

Peter Apel

Stiftung Warentest

INHALT

FACEBOOK –
WAS IST DAS?

Kaum ein Magazin, kaum eine Zeitung kann man heute mehr lesen, ohne irgendwo auf Facebook zu stoßen. Radio- und Fernsehprogramme fordern den Zuschauer auf, die Facebook-Seiten ihrer Sendungen zu besuchen. Prominente, Parteien, Politiker, Organisationen, Behörden, Unternehmen und Automarken, Filme und Bücher – sie alle sind auf Facebook aktiv.

DAS GRÖSSTE NETZWERK DER WELT

Auch im privaten Alltag begegnet uns Facebook: Freunde, Familienmitglieder, Kollegen, Vereinskameraden – überall trifft man Menschen, die „bei Facebook sind" oder die mit Facebook schon praktische Erfahrungen gesammelt haben.

Manche gehen das Thema eher behutsam an, von einer wenig aktiven „Beobachterposition" aus. Andere bringen sich stärker ein, schildern freimütig private Erlebnisse, zeigen Fotos oder sogar kleine Filme, spielen Spiele oder organisieren sich in Gruppen.

Nach einer Untersuchung des US-amerikanischen Marktforschungsunternehmens „Socialbakers" gab es im Frühjahr 2013 gut 25 Millionen Facebook-Nutzer in Deutschland. Das heißt: Drei von zehn Deutschen nutzen Facebook! Damit liegt Deutschland auf Platz 10 im internationalen Facebook-Ranking.

Facebook macht Spaß

Müssen wir deshalb unbedingt mit dabei sein? Sicherlich nicht. Aber wir können auch kaum bestreiten: Immer größere Teile der Kommunikation und des modernen sozialen Austauschs bleiben für den ausgeblendet, der hier nicht zumindest ein wenig mitmischt. Und ganz ehrlich: Wenn man sich einmal hineingefunden hat und einige Regeln beachtet, dann macht es durchaus Spaß, auf Facebook aktiv zu sein. Facebook ist eben eine ganz neue und etwas gewöhnungsbedürftige „Unterhaltungsmaschine".

Stichwort Datenschutz

Wenn wir heute mit Freunden über soziale Netze, allen voran über Facebook sprechen, dann begegnet uns ein Argument besonders häufig: das der Datensicherheit. Und das geschieht mit vollem Recht! Die Datensicherheit von Facebook ist ein kritisches Thema – auf mehreren Ebenen! Wir werden dieses Thema in den folgenden Kapiteln ansprechen und auf die besonderen Sicherheitsaspekte hinweisen, die jeweils zu beachten sind.

Sind wir Mitglieder auch Kunden?

Was sind wir, die Nutzer oder Mitglieder, eigentlich für Facebook? Offensichtlich nicht Kunden, denn „Facebook ist und bleibt kostenlos" – so steht es gleich auf der ersten Seite. Wie aber verdient das Unternehmen dann so viel Geld? Die Antwort ist: Nicht von uns, sondern durch uns – wir sind das Produkt!
Die Kunden von Facebook sind Unternehmen und ihre Marken. Nach einer Studie der US-amerikanischen Marktforschungsfirma „Technorati Media" sind über 90 Prozent aller größeren Marken weltweit auf Facebook vertreten.

Zeit ist Geld

Die Erkenntnis, nicht Kunde, sondern Produkt zu sein, überrascht nur auf den ersten Blick: Bei privaten Fernsehsendern ist es aber gar nicht anders – aus mehr oder weniger den gleichen Gründen. Wir liefern unsere Zeit und Aufmerksamkeit und sind so aufnahmebereit für alle möglichen Formen der Werbung. Zeit ist Geld, das ist die Währung, mit der wir die Unterhaltung bezahlen.
Der Unterschied zum TV ist nur: Bei Facebook sind wir persönlich registriert! Wir sind eben nicht irgendein anonymer Milliprozent-

punkt einer hochgerechneten Stichprobenreichweite. Es ist unser persönliches Profil, das zu dem hochgeladenen Bild, der Bewertung eines Restaurants, der kleinen lustigen Bemerkung gehört. Ganz so wie beim Fernsehen ist es hier also nicht. Unsere „Erreichbarkeit", aber auch unsere „Analysierbarkeit" hat bei Facebook (und den anderen sozialen Netzen) eine neue Stufe erreicht, die wir so bisher nicht kannten.

Gesunder Menschverstand ist nicht zu ersetzen

Sollte man dann nicht besser ganz die Finger davon lassen? Nein, aber wir sollten mit Umsicht handeln und uns immer fragen: Könnte das, was ich gerade tun will, irgendwelche unerfreulichen Folgen haben? An welche Folgen man dabei denken sollte – darauf werden wir Sie in diesem Buch hinweisen.

Ihren gesunden Menschenverstand können diese Hinweise allerdings nur ergänzen, niemals ersetzen. Letzten Endes müssen Sie selbst entscheiden, was Sie tun und lassen wollen und welche Informationen Sie über sich (und auch andere) preisgeben. Aber das war ja eigentlich schon immer so.

Rückblick und Ausblick

Wieso eigentlich Facebook, also „Gesichter-Buch", woher kommt der Name? Das ist ein Wort aus der amerikanischen College-Welt. Gemeint sind die bebilderten Jahrbücher, die sich jeder College-Student von seinem Jahrgang aufbewahrt.

INFO **Was heißt hier „sozial"?**

Bis vor wenigen Jahren hätte man unter einem „sozialen Netz" in vielen Ländern die Kranken-, Arbeitslosen- oder Rentenversicherung verstanden. Unter „sozialer Werbung" hätte sich allerdings kaum jemand etwas vorstellen können – vielleicht eine Kampagne für die Arbeiterwohlfahrt. „Sozial" ist hier ein politischer und meist positiv genutzter Begriff.

In diesem Sinne sind soziale Netze aber nicht sozial. Seit es sie gibt, hat der Begriff ein zweites, ganz anderes Gesicht bekommen. Die zweite, neue Bedeutung von „sozial" bezeichnet eine Kommunikationstechnik und geht in die Richtung von „durch Nutzung der Interessen, Ansichten und Wünsche von Ihnen und Ihren Freunden" und ist per se erst einmal wertneutral.

Soziale Werbung ist also Werbung, die Sie sehen, weil Ihr Freundeskreis darauf schließen lässt, dass Sie das anspricht. Ein „Social Reader" stellt Ihnen die Texte nach Ihren Interessen und den Empfehlungen Ihrer Freunde zusammen. Wenn die Freunde des Autors lesen: „Peter spielt dieses Spiel auch" oder „Peter isst gerne Spaghetti bei Pino im Limoncello" – das ist das neue „sozial".

Mark Zuckerberg und zwei andere haben Facebook 2004 in Kalifornien gegründet und zunächst in Colleges und Universitäten vorgestellt und eingeführt.

Das war ein kluger Marketing-Schachzug, denn die psychologische Vernetzungsbereitschaft wie auch die rein technische Vernetzung war und ist in dieser Personengruppe sehr hoch: Alle sind wissenshungrig, offen, neugierig, und alle haben Laptops mit Internetzugang. Außerdem sind diese jungen Menschen kommende Meinungsbildner und Multiplikatoren. Gerade in den Eliteschulen der sogenannten Ivy-League (<Aiwii-liig>, Efeu-Liga) wie Harvard, Yale und Dartmouth wurde der Grundstein für das rasante Wachstum von Facebook gelegt.

Wer nicht wagt …

In Wikipedia finden Sie unter der Adresse http://de.wikipedia.org/wiki/Facebook weitere interessante Informationen zur Geschichte von Facebook. Deutlich wird schon hier, dass Mark Zuckerberg (selbst Harvard-Absolvent) eine ausgeprägte „Wer nicht wagt, der nicht gewinnt"-Geschäftspraxis hat. Er handelt mitunter nach dem Motto: „Man versucht's halt mal!" Das gilt gerade auch für das Thema Datenschutz. Volle Arglosigkeit und Gutgläubigkeit sind hier also nicht angesagt.

Das Geschäftsmodell von Facebook war und ist ausgesprochen erfolgreich. 2012 war die Community auf über eine Milliarde Personen angewachsen (2013: 1,1 Milliarden) und das Unternehmen ging an die Börse. Hier musste man zwar gerade am Start kräftig Federn lassen, ärmer oder kleiner ist das Unternehmen dadurch aber in seinem Kerngeschäft nicht geworden.

Andere soziale Netzwerke

Auch wenn Facebook oft für das soziale Netzwerk gehalten wird, das einzige ist es bei Weitem nicht. Der ganze Markt ist in starker Bewegung, es kommen immer wieder neue Netzwerke hinzu, andere verschwinden langsam oder werden von moderneren übernommen.

In der Tabelle auf den Seiten 10/11 sind die wichtigsten sozialen Netzwerke in Deutschland aufgelistet (gemessen an der Mitgliederzahl), zusammen mit einigen Informationen, die Ihnen die Orientierung erleichtern sollen. Insbesondere auf die Frage: „Ist das etwas für mich?" erhalten Sie hier möglicherweise erste Hinweise.

Der Blick über den Tellerrand

Von vielen wird hierzulande gerne übersehen, dass es in anderen größeren Ländern (unter anderem China, Brasilien, Russland, Indien) noch weitere, uns völlig unbekannte soziale Netzwerke gibt. Umgekehrt kennt außerhalb des deutschsprachigen Raums auch kaum jemand wer-kennt-wen, Studi-VZ oder XING.

Facebook, Twitter, LinkedIn, Google+, Youtube sind hingegen wirklich internationale Netzwerke. Sie sind nur dort nicht (stark) vertreten, wo dies rechtlich nicht zulässig ist (Facebook zum Beispiel in China). Wie man solche Beschränkungen, beispiexlsweise auf Reisen, umgehen kann, werden wir in einem späteren Kapitel ansprechen.

GROSSE SOZIALE NETZWERKE IN DEUTSCHLAND

	Stammdaten		Deutschsprachig?
	Internet-Adresse	Eigentümer	
Facebook	http://facebook.de	Facebook Inc. (USA)	Ja, weitgehend. Einige Detailfunktionen nicht voll oder schlecht übersetzt.
Google+	http://plus.google.com	Google Inc. (USA)	Ja, weitgehend.
Twitter	http://twitter.de	Twitter Inc. (USA)	Ja, weitgehend. Einige Detailfunktion nicht voll übersetzt.
wer-kennt-wen	http://wer-kennt-wen.de	RTL Interactive (D)	Ja
VZ-Netze: studiVZ, meinVZ, BilderVZ	http://studi-vz.de	ehem Holtzbrinck, nun poolworks ltd., Vert Capital (UK)	Ja
Stayfriends	http://stayfriends.de	United Online (USA)	Ja
Xing	http://xing.de	Deutsche AG; Hauptaktionär: Burda Digital (D)	Ja
LinkedIn	http://linkedin.com	US-amerikanische AG; Streubesitz	Nein

* **A:** http://trickr.de (basierend u. a. auf Statistischem Bundesamt, (N)onliner Atlas 2013 und Bitkom Studie soziale Netze 2012)

  B: http://de.statista.com/statistik/daten/studie/198224/umfrage/anzahl-der-mitglieder-von-linkedin-quartalszahlen/

C: www.zeit.de/digital/internet/2013-01/studie-nachricht-twitter-facebook-social-media/seite-2

Mitglieder 2013 (Mio.)		Trend	Stichworte zum Profil sowie zu Zielen und Zwecken	Quellen*
D	Global			
25	1 000	↗	Auf Freude und Spaß ausgerichteter Austausch mit alten und neuen Freunden.	A, D, H
5	400	↗	Netzwerk für den Austausch zu privaten Hobbys wie beruflichen Fachthemen; weniger unterhaltungsorientiert als Facebook, will seriöser, ernsthafter sein.	A, C, H
1	500	↗	Einfache Nachrichten- und Informationsplattform, schnell, sehr kurz, sehr vergängliche Aktualität; gerade Geschwindigkeit und die Kürze werden von vielen geschätzt.	A, E, H
9	11	→	Anspruch: deutschsprachige Facebook-Alternative. Ähnliche Ausrichtung (virtueller Spaß mit Freunden und Bekannten), aber sehr viel niedrigere Akzeptanz; faktisch oft genutzt, um alte Freunde zu finden oder bereits aufgebaute Verbindungen zu erhalten.	A, H
3	5	↘	Recht großer Netzverband im deutschsprachigen Raum; VZ-Netze adressieren unterschiedliche Altersgruppen, die mit den Jahren aus ihrem Netz „rauswachsen". Aktuell stark im Umbruch, ggf. Neuausrichtung oder auch teilweise Einstellung des Betriebs möglich.	A, G, H
7	11	→	Sehr auf Schulfreundschaften ausgerichtetes Netzwerk mit laufenden Aktivitäten für mehr Engagement der Einzelnen. Aktuell bei Schülern wenig vertreten.	A, H
6	13	↗	Deutschsprachiges Netzwerk für Personen und Kleinunternehmen, um sich vorzustellen bzw. zu akquirieren. Wichtig für Personalmanager wie Menschen auf Berufssuche bzw. bei Karrierepflege im deutschsprachigen Raum.	F, H
2	218	↗	Internationales Netzwerk für Personen und Kleinunternehmen, um sich vorzustellen bzw. zu akquirieren. Wichtig für Personalmanager wie Menschen auf Berufssuche bzw. bei Karrierepflege im internationalen Umfeld. In manchen Ländern hat das linkedIn-Profil die Bedeutung einer virtuellen Visitenkarte.	A, B, F, H

D: www.allfacebook.de/userdata/?period=1year
E: www.socialmediastatistik.de/jahresumfrage-twitter/#more-1772
F: www.socialmediastatistik.de/xing-mit-guten-quartalszahlen-wieder-mehr-zahlende-mitglieder/
G: www.heise.de/newsticker/meldung/Social-Networks-Holtzbrinck-stoesst-StudiVZ-ab-1704687.html
H: http://wikipedia.de

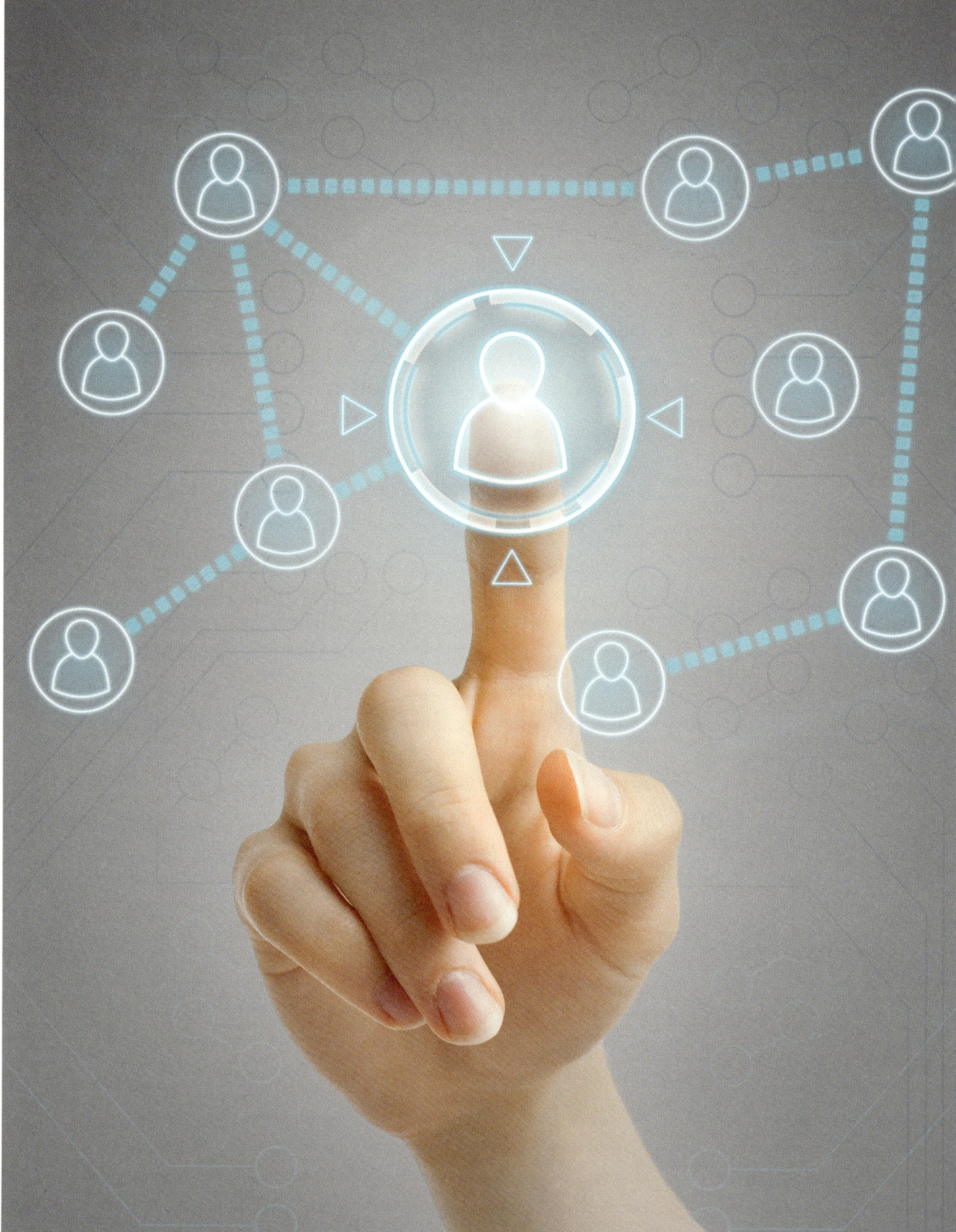

SO GELINGT
DER EINSTIEG

In diesem Grundlagenkapitel schaffen wir uns eine erste sichere Ausgangsbasis für weitere Erkundungen, Schritt für Schritt und mit der gebotenen Umsicht. Die Kernfunktionen von Facebook werden auf einfache, nachvollziehbare Weise vorgestellt. Bei einer ersten Berührung mit dem Netzwerk können wir sogar ganz anonym bleiben, damit fangen wir an.

EINMAL ANGENOMMEN …

… Sie haben gar keinen Internetzugang! Dann wird sich Ihr Facebook-Erlebnis auf Bücher wie dieses beschränken. Anders ausgedrückt: Wenn Sie mehr sehen wollen, ist das Internet ein Muss! Aber es gibt noch ein paar weitere, nicht ganz so selbstverständliche Annahmen, die wir hier gemacht haben:

■ Ihr Endgerät ist ein PC, Laptop, Tablet (<täblet>) oder Smartphone (<smartfoun>). Alle vier Produkttypen gibt es von Apple (Smartphones heißen da „iPhones", Tablets „iPads". Apple-Produkte haben ein spezielles Betriebssystem), oder von einem anderen Hersteller. Das Betriebssystem ist dann Windows (PC und Laptop) oder Android (Smartphones und Tablets).

■ Für unsere Abbildungen sind wir von einem Windows-Rechner ausgegangen. Die Abbildungsunterschiede zu den entsprechenden Apple-Geräten sind minimal. Und gerade für die ersten Schritte eines Einsteigers erscheinen uns diese „umfangreichen" Endgeräte letztlich geeigneter: Allein die Steuerung mit der Maus ist präziser und weniger fehleranfällig, als die Fingerbewegungen auf dem Bildschirm bei Smartphone und Tablet sein können.

■ Sie haben eine E-Mail-Adresse. Wenn Sie einmal registriert sind bei Facebook, können Sie sich auch mit Ihrer Mobilfunknummer wieder anmelden. Aber für das erste Mal muss es E-Mail sein.
■ Sie sind mindestens 13 Jahre alt, das ist die Altersgrenze, die gleich bei der Registrierung geprüft wird. Natürlich kann man da

---

INFO   **Zur Sicherheit der eigenen Daten und der Privatsphäre**

Bevor Sie weiterlesen, wollen wir Sie auf einen wichtigen Punkt hinweisen: Wer exakt was im Internet sehen, auswerten, analysieren kann, weiß niemand. Mit ausreichenden Kapazitäten ist nahezu alles möglich. Von Regierungen beauftragte Geheimdienste oder kriminelle Vereinigungen – beide verfügen über solche Kapazitäten und beide nutzen sie.

Das betrifft nicht nur Facebook, sondern das gesamte Internet, angefangen mit Ihren E-Mails (de facto sind die so öffentlich wie Postkarten). Eigentlich beginnt es sogar schon mit der elektronischen Kommunikation, Telefongespräche werden ja auch abgehört.

Vor solchen konzertierten Lauschaktionen verdeckt-legaler oder klar illegaler Stellen kann Sie niemand schützen!
Wenn wir hier im Folgenden von „Sicherheit" sprechen, dann ist nicht diese Sicherheit gemeint. Gemeint ist hier der nach allgemeinem Wissen erwartbare Schutz vor Auswertungen und Analysen im formal legalen Rahmen. Auch hier ist schon vieles möglich, Unterschiede beim Datenschutz von Land zu Land sind eine Ursache, eine immer etwas hinterherhinkende Gesetzgebung und Rechtsprechung eine andere.

Hier kann man als Privatperson darum auch manches falsch machen. Und Facebook ist ein Programm, das zu solchen Fehlern verführt. Gerade weil es so sozial, so kommunikativ, lustig, verspielt, „vertratscht" bei Facebook zugeht. Auf diese Sicherheitsaspekte wollen wir Sie hinweisen, vor vielen dieser Fehlern wollen wir Sie bewahren.

Fantasieangaben machen, und das haben eben auch schon viele Kinder getan. Die Facebook-Idee, jüngeren Kindern Zugang sozusagen unter einer Patenschaft des Elternzugangs zu ermöglichen (Kontrolle der Freunde und Spiele), muss man vor diesem Hintergrund sehen.

■ Sie haben schon etwas Interneterfahrung. Wir nehmen an, Sie kennen zumindest Google und Wikipedia ein wenig, und Sie können sich zumindest grob in Ihrem Browser orientieren.

FACEBOOK ANONYM NUTZEN

Auch wenn Sie sich bei Facebook schon registriert haben und sich anmelden können, werden Sie vermutlich interessante Hinweise in diesem Kapitel finden.

Eine der wichtigsten Einstiegshürden bei Facebook ist für viele die neue Öffentlichkeit der eigenen Person, die verlorene Anonymität, die man sich sonst – wenn häufig auch nur scheinbar – im Internet bewahren konnte.

Für eine erste Berührung mit Facebook, ein erstes „Hineinschnuppern", muss man sich aber gar nicht registrieren. Beginnen wir also unsere Entdeckungsreise an dieser Stelle.

Sie erreichen diese Seite, indem Sie in der Adresszeile Ihres Browsers (meist oben links) zum Beispiel „facebook.de" eingeben und auf „Return" (die Eingabetaste) drücken. Facebook wird daraus ohne Ihr Zutun diese Zeichenkette machen: „https://de-de.facebook.com". Sie können auch „http://facebook.de" eingeben oder 1:1 die

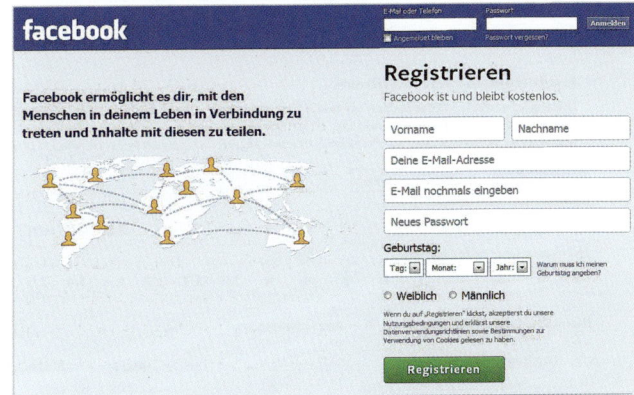

Zeile oben, die mit „https" beginnt, Sie werden immer auf dieser deutschen Anmeldeseite landen.

Spracheneinstellung

Wenn Sie „facebook.com" eingeben, wird daraus automatisch „https://www.facebook.com". Das Ergebnis sieht im Übrigen zwar identisch aus, aber Sie sind jetzt auf der internationalen Seite und können am unteren Rand Spracheinstellungen vornehmen. Je nach gewählter Sprache sieht das Bild dann etwas anders aus. Ganz rechts in dieser Sprachenleiste finden Sie drei Punkte, „…". Klicken Sie auf diese drei Punkte, geht ein großes Auswahlfenster auf, in dem Sie aus über 50 Sprachversionen Ihre auswählen können. Wir werden hier immer nur die deutsche Version verwenden.

Erster Kontakt

Zum Start schauen wir nun an den unteren Rand dieses Bildes. Dort stehen in einer Doppelreihe insgesamt 18 Schlagworte. Viele sind nicht wirklich interessant, solange man nicht registriert und angemeldet ist. Bei einigen lohnt es sich aber auch für einen „Externen" zu klicken:

Personen

Sie können, ohne angemeldet zu sein, Personen suchen – und werden viele auch finden. Klicken Sie unten auf der Anmeldeseite auf „Personen". Sie kommen auf eine Seite mit 120 Namenbereichen, die alle mit A beginnen. Man kann sich da Auswahlbereich für Auswahlbereich immer genauer reinklicken. Die meisten anderen Mitglieder finden Sie über die Personensuche. Der Link dazu ist im Textblock oben blau markiert. Klicken Sie einfach, und geben Sie da mal Ihren eigenen Namen ein. Sie sehen, ob schon jemand mit diesem Namen bei Facebook Mitglied ist. Der Autor hat da so einige Namensvettern gefunden. Wenn Sie jemanden nicht finden, aber sicher sind, dass die Person unter diesem Namen Facebook-Mitglied ist, dann hat sie in ihren Privatsphäreeinstellungen festgelegt, dass sie bei einer öffentlichen Suche nicht gefunden werden will. So wie Sie und ich jetzt gerade unangemeldet auf Personen in Facebook zugreifen, so machen das auch Suchmaschinen wie Google. Wer also so nicht gefunden werden will, nicht von Menschen und nicht von Programmen, der kann das in seinem „Account" (<äkaunt>), also seinem privaten Konto, bei Facebook festlegen.

Seiten

Klicken wir unten auf „Seiten", erscheint ein Bild wie dieses. Wir sehen hier sogenannte Fanpages, Fanseiten. Das sind nicht Seiten von normalen Facebook-Nutzern wie Sie und ich, sondern (im weitesten Sinne) geschäftliche Seiten, ähnlich wie geschäftliche Webseiten im Internet, nur hier eben innerhalb von Facebook.

Gezeigt werden die Seiten mit den meisten Fans. Die Reihenfolge ist absteigend von links nach rechts, Zeile

für Zeile. Die einzelnen Marken und Personen auf dem Bild können sich hier also mit der Zeit ändern.

Am oberen Rand sehen Sie das Alphabet für eine etwas tiefere Suche. Unter „I" haben wir die folgende Seite gefunden:

Jede Fanseite muss ein Impressum haben, bei dem Film „Ich – einfach unverbesserlich" ist der Eigentümer der Seite die deutsche Firma Universal Pictures International Germany GmbH. Sie macht mit dieser Seite also Marketing für den Film. So muss man sich im Prinzip alle Fanseiten vorstellen, als Teil eines Marketingplans beziehungsweise eines Werbeauftritts.

Unser Beispielfilm hier hat also 7,8 Millionen Fans (ganz klein sehen wir: 7 892 978 „Gefällt mir"-Angaben, es wird also abgerundet) – und wenn Sie auch als Fan des Filmes gelten wollen, können Sie auf den „Gefällt mir"-Knopf neben dem Daumen drücken. Doch halt: Das können Sie nicht, denn dazu müssen Sie registriert und angemeldet sein. Und zurzeit sind wir ja noch ganz anonym unterwegs.

Dann sehen wir noch auf der Seite, dass 305 034 Personen „darüber sprechen". Das bedeutet, dass diese Webseite innerhalb der letzten sieben Tage bei gut 300 000 Personen in irgendeiner Weise Teil von deren Facebook-Kommunikation war. Die einfachste Form der Facebook-Kommunikation ist, den „Gefällt mir"-Knopf zu drücken. Weitere Möglichkeiten können wir auf einem Bild weiter unten erkennen: Universal Pictures hat diesen Wochenendgruß am 19. April „gepostet" (das heißt, in einem sozialen Netzwerk veröffentlicht; sprechen Sie es mit einem „ou" aus: <pousten>). Den Beitrag oder „Post" haben 979 Personen mit „Gefällt mir" belohnt, und fünf Personen haben sechs Kommentare geschrieben, die beiden neuesten werden direkt angezeigt, die anderen kann man durch Anklicken aufklappen.

Weitere 85 haben den Beitrag „geteilt", nicht im Sinne von schneiden und trennen, sondern von „mitteilen" oder „weiterverbreiten" (auf Englisch „to share"). Das heißt, sie haben den Beitrag auf ihrer persönlichen Seite (das ist dann keine Fanseite mehr) als Zitat veröffentlicht.

Alle diese Aktionen („Gefällt mir", Kommentieren, Teilen) sind Teil der Facebook-Kommunikation und werden unter der Überschrift: „Personen, die darüber sprechen" gezählt.

Man könnte fragen: Warum sollte jemand dieses etwas kindische Video teilen, also weiterverbreiten? Haben Sie den Link, also die Webadresse ziemlich weit oben gesehen? Da steht: „http://youtu.be/mVORha72Krs", ein Querverweis zu einer Youtube-Adresse. Youtube ist das große Internetportal für Videos.

Solche „Links", also Querverweise zu Videos oder Bildern, sind generell sehr beliebt in sozialen Netzwerken. Gerade bei Facebook wird davon häufig Gebrauch gemacht.

Unser Link hier führt uns zu einem kleinen animierten Musik-Clip, aus dem das Foto, das wir in Facebook sehen, als Standbild stammt. Der Film drückt eine gewisse lustige bis alberne Stimmung aus. Das ist vermutlich ein Grund, warum er von einigen geteilt wurde.

Und warum kann man die Namen der Personen, die hier „Gefällt mir" drücken oder Beiträge kommentieren oder teilen, alle sehen? Mit Bild? Obwohl wir nicht mal registriert oder angemeldet sind?

Weil diese Personen das in ihren Privatsphäreeinstellungen so eingestellt haben und die Beiträge alle im Status „öffentlich" erfolgt sind. Wir werden dieses Thema natürlich ausführlich behandeln, wenn es um unseren eigenen „Account" geht. Aber wir sehen schon hier: Wer da nicht besonders pingelig ist, der steht eben gut sichtbar auf dem Onlinetablett.

Erinnern Sie noch die Buchstabenleiste oben auf der Seiten-Seite? Oberhalb finden Sie drei Reiter: „Seiten" ist aktiv, „Personen" und „Orte" stehen links und rechts daneben. Im Prinzip ist es bei „Orte" ähnlich wie bei „Seiten".

Das unerfreuliche Kleingedruckte: Nutzungsbedingungen und Datenschutz

Bei Personen und Seiten haben wir eben unverbindlich herumgestöbert. Beim Impressum und insbesondere bei den Nutzungsbedingungen wird es schon etwas ernsthafter. Denn genau genommen sollte man sich ja vor einer Mitgliedschaft informieren, was das eigentlich alles bedeutet. Wir sind überzeugt, die allerwenigsten tun das – aber richtig wäre es.

Facebook ist da sehr ausführlich – und wenn Sie andere rechtliche Bedingungen, AGB und Datenschutzbestimmungen kennen, werden Sie zustimmen: im Vergleich auch recht lesefreundlich. Trotzdem bleibt ein komisches Gefühl, wenn man die ganzen Bestimmungen und Regelungen liest, denn was das dann ganz genau zum Beispiel in einem Streitfall bedeutet, ist gerade wegen der vielen Abschnitte kaum völlig zu durchschauen.

Wir können das hier nicht Thema für Thema behandeln (das alleine würde ein großes Buch ergeben), aber auf einige wenige Punkte, gesehen mit den Augen eines Nichtjuristen, möchten wir Sie aufmerksam machen.

Eigentum der Inhalte

Facebook betont zwar mehrfach, dass jedes Mitglied „Eigentümer" seiner Inhalte bleibt – aber das ist für den Normalnutzer Katzengold. Das Urheberrecht ist in Deutschland sowieso gesetzlich geschützt und kann uns gar nicht genommen werden. Außerdem wollen wir ja vermutlich kein Copyright auf unsere Kommunikation mit Freunden einklagen.

Viel wichtiger als diese Scheinsicherheit ist, dass Facebook trotz der klaren Eigentumsregelung mit unseren Inhalten so gut wie alles machen kann: lesen, auswerten, analysieren, mit anderen Daten verknüpfen und an Dritte weitergeben. Im Original:

„Du gibst uns eine nicht-exklusive, übertragbare, unterlizenzierbare, gebührenfreie, weltweite Lizenz zur Nutzung jeglicher IP-Inhalte, die du auf oder im Zusammenhang mit Facebook postest ('IP-Lizenz'). Diese IP-Lizenz endet, wenn du deine IP-Inhalte oder dein

Konto löschst, außer deine Inhalte wurden mit anderen Nutzern geteilt und diese haben die Inhalte nicht gelöscht."
Es bleibt also alles unser Eigentum, aber so gut wie jeder darf es zu so gut wie jedem Zweck verwenden. Natürlich gibt es Einschränkungen zu dieser „Generalvollmacht". So werden zum Beispiel alle persönlichen Daten (Adressen, E-Mail, Telefonnummern, Freunde, eigene Beiträge und vieles mehr) nur in dem Kreis weitergegeben, den man selbst eingestellt hat. Aber wer da überall „öffentlich" markiert, der ist dann eben wirklich öffentlich. Und dass Facebook selbst seine Nutzerprofile vermarktet, ist schon lange kein Geheimnis mehr.

Öffentliche Personen

Wo genau stellt man denn „öffentlich" beziehungsweise „nicht öffentlich" ein? Wir werden das noch ausführlich behandeln, aber generell gilt schon einmal: Dort, wo man es nicht einstellen kann, ist es in aller Regel automatisch öffentlich. Das ist sozusagen die Grundeinstellung.
Wir müssen uns unsere Privatsphäre also stückweise zurückholen. Dies erscheint umso wichtiger, wenn man lesen kann: Laut einer Studie der Firma Marketo haben 13 Millionen Facebook-Nutzer noch nie ihre Privatsphäreeinstellungen geprüft. Wir werden das Thema auf jeden Fall ernst nehmen, wenn wir im nächsten Kapitel ein Konto eröffnen.

Deutsche Sonderregeln

In Abschnitt 17 der „Erklärung der Rechte und Pflichten" von Facebook werden Sonderregeln vorgestellt, die außerhalb der USA gelten. ImAbschnitt 17.3 gibt es einen Sechs-Punkte-Abschnitt für Deutschland. Immerhin werden darin einige länderspezifische Rechtslagen und -anforderungen berücksichtigt. Hier wird sich vermutlich in Zukunft noch einiges bewegen, auch andere Unternehmen der USA, wie zum Beispiel Google, haben ja eine ganze Reihe von Zusatzauflagen in den europäischen Ländern zu erfüllen.

Gewalt und andere Aggressionen

Facebook (und ebenso die anderen sozialen Netze) baut eine zweite, eine sogenannte virtuelle Welt auf, in der man sich körperlich gar nicht mehr begegnet. Wo es keine körperliche Wirklichkeit gibt – da gibt es auch keine körperliche Gewalt. Ist Facebook also ein friedliches Paradies? Paradies ist sicher das falsche Wort, aber in aller Regel geht es schon friedlich zu in Facebook. Dieser Frieden ist aber nicht von selbst gekommen. Denn auch mit Worten und Bildern kann man sehr gewalttätig und verletzend sein.

Dass das in Facebook kaum geschieht, hat drei Gründe. Es liegt zum einen an den Regeln, die Facebook hierzu unter dem Stichwort „Hassreden" aufgestellt hat, zu finden in den „Standards der Facebook-Gemeinschaft". Hier steht: „…erlauben wir es einzelnen Personen oder Gruppen nicht, andere aufgrund ihrer Rasse, Volkszugehörigkeit, nationalen Herkunft, Religion, sexuellen Orientierung, Behinderung, ihres Gesundheitszustands oder Geschlechts anzugreifen."

Facebook schützt also bestimmte Gruppen, wenn deren Rechte verletzt werden. Interessant ist daran unter anderem, dass „Alter" keines der aufgeführten Merkmale ist. Angriffe auf Grund des Alters werden hiernach von Facebook nicht geschützt.

Die Gewaltlosigkeit liegt weiter in der Möglichkeit jedes Mitglieds begründet, jeden Beitrag zu „melden" beziehungsweise als Spam zu markieren. Und es liegt schließlich daran, dass Facebook jedes Benutzerkonto ohne Angabe von Gründen löschen kann. Von diesem Recht hat Facebook auch schon häufiger Gebrauch gemacht, manchmal auch irrtümlich.

Alias-Mitgliedschaft

Zum Abschluss noch ein Hinweis für den Fall, dass Sie eine sehr kreative Idee zur anonymen Nutzung von Facebook haben. Sie könnten auf die Idee kommen, sich mit einer „undurchsichtigen" Mailadresse und falschen Personenangaben zu registrieren. Sie könnten sich zum Beispiel „Winnetou May" nennen mit der Mailadresse „winnetou1893@web.de". Geburtstag und Geschlecht wären dann vermutlich auch ausgedacht. Mehr braucht man für die Registrierung nicht.

In diesem Fall hätten Sie gegen die Regeln von Facebook verstoßen. In Abschnitt 4 des Regelwerks ist klar definiert: Keine falschen persönlichen Informationen und nur ein persönliches Konto. Was droht bei Verstoß? Das Konto kann ohne weitere Angabe von Gründen von Facebook gelöscht werden. Das klingt für einen Einsteiger vielleicht harmlos, aber wenn „Winnetou" schon einen größeren Freundeskreis aufgebaut, in Spielen Punkte gesammelt oder eine Bildergalerie erstellt hat, und plötzlich ist alles einfach fort – das ist dann nicht mehr so komisch.

EIN EIGENES PROFIL ANLEGEN

Die erste Seite kennen wir schon, darum schauen wir uns hier nur den relevanten Ausschnitt an (siehe rechts). Was hier einzugeben ist, ist eigentlich offensichtlich.

INFO   „Passwort" und sicherer Zugang

Wenn eine unberechtigte Person Zugang zu Ihrem Facebook-Konto hat, kann sie nicht nur alle privaten und mitunter vielleicht sogar vertraulichen Infos lesen. Sie kann auch in Ihrem Namen jeden Blödsinn verschicken, Ihre Freunde beleidigen, hässliche Bilder veröffentlichen und vieles andere mehr. Und ganz übel: Wer Ihr Passwort hat, kann es auch ändern. Dann kommt der Bösewicht weiterhin auf Ihr Konto, aber Sie nicht mehr.

Das alles wollen Sie mit Sicherheit nicht! Darum haben wir hier einige Empfehlungen:

■ Wählen Sie ein nicht zu einfaches Passwort („passwort", „facebook", Ihr Vorname, der Ihres Partners, das sind alles keine guten Passwörter). Gut sind Passwörter, die länger als acht Zeichen sind und die in keinem Wörterbuch stehen (also eigentlich gar keine „Wörter" sind). Wenn dann noch Ziffern, Sonderzeichen sowie große und kleine Buchstaben drin sind: perfekt.

■ Ändern Sie Ihr Passwort gelegentlich. Vielleicht hat jemand in Ihrer Umgebung mal einen Teil erspäht, aber er braucht noch den Rest.

■ Entfernen Sie im Anmeldedialog immer das Häkchen „Angemeldet bleiben". Über diese Funktion kann Ihr Passwort relativ leicht ermittelt werden (wenn Sie zum Beispiel gerade kurz nicht an Ihrem PC sind).

■ Loggen Sie sich immer aus, wenn Sie ihren PC länger als nur für einen Augenblick unbeaufsichtigt stehen lassen („Abmelden" über das kleine, fast unsichtbare blaue Dreieck ganz oben rechts)

Bei der Altersangabe geht es zum einen um das Jahr. Wer nicht mindestens 13 Jahre alt ist, wird nicht zugelassen. Natürlich kann man hier mogeln – oder was hätten Sie mit elf Jahren gemacht? Aber auch das Datum selbst hat eine Bedeutung: So kann Facebook Ihre Freunde später an Ihren Geburtstag erinnern.

Unten werden Sie aufgefordert, alle Nutzungsbedingungen und die anderen rechtlichen Dokumente zu lesen. Das ist grundsätzlich in der Tat zu empfehlen (auch wenn es fast keiner macht), denn wenn Sie auf „Registrieren" drücken, akzeptieren Sie das alles.

Bevor es losgeht

Bevor Sie nun direkt und „richtig" auf Facebook kommen und mit dem „Social Networking" loslegen, geschehen einige einmalige Dinge:

■ Sie erhalten eine Registrierungs-Mail. Um wirklich voll registriert zu sein, müssen Sie den Link in der Mail bestätigen, sonst wird Ihr Konto nicht richtig geöffnet. Denn Sie könnten ja theoretisch die E-Mail-Adresse von einer anderen Person angegeben haben (aus Versehen oder mit Absicht). So prüft Facebook, ob Sie auch unter dieser Mailadresse wirklich erreichbar sind. Schließen Sie also Ihre Registrierung ab, indem Sie den Link in der Mail anklicken. Die Mail selbst können Sie danach löschen.

■ Sie erhalten eine Begrüßungs-Mail von Facebook, in der Anregungen und Anleitungen für die ersten Schritte vorgestellt werden. Diesen Anleitungen können Sie natürlich gleich folgen. Wir empfehlen allerdings, dass wir uns erst einmal unsere Kontoeinstellungen anschauen, bevor wir uns unters „virtuelle Volk" mischen.

■ Nachdem Sie den Registrierungs-Link aus der ersten E-Mail geklickt haben, kommen Sie auf eine Facebook-Seite mit drei Schritten. Dort wird im Prinzip genau das Gleiche vorgeschlagen, was in der Begrüßungs-Mail steht.

■ Im ersten Schritt werden Sie ermuntert, alle Ihre Kontakte aus Ihrem E-Mail-Programm mit Facebook abzugleichen. Davon raten wir Ihnen generell ab!

Obwohl wir hier noch tätig werden wollen, überspringen wir zunächst diesen Schritt. Es wird uns nichts verloren gehen! Facebook ist neugierig und fragt noch einmal nach, ob wir sicher sind. Ja, wir sind sicher und wollen den Schritt überspringen.

In Schritt 2 sollen wir mehr über uns erzählen, sogenannte „Profilinformationen" angeben (zum Beispiel Schule, Arbeitgeber, Wohnort) – auch das überspringen wir.

In Schritt 3 sollen wir ein Bild von uns aufnehmen oder hochladen (also bei Facebook speichern) – aber wir bleiben stur und überspringen auch das.

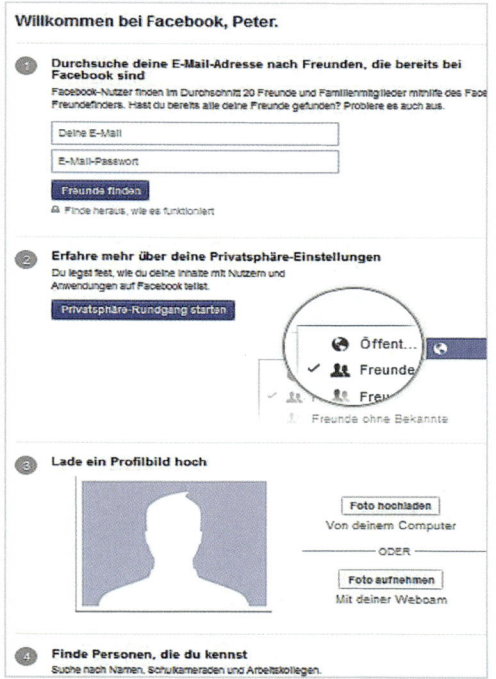

Sind wir jetzt endlich durch die Start-Schritte durch? Nein, Facebook lässt nicht locker und fragt alles zusammen nochmals auf einer Seite ab.

Hier ist allerdings ein neuer Punkt hinzugekommen, der „Privatsphäre-Rundgang". Sie können sich hier jetzt gerne von Facebook führen lassen und den Rundgang starten. Und höchstwahrscheinlich wäre auch absolut nichts passiert, wenn Sie zuvor doch schon ein Foto hochgeladen oder den Namen Ihrer Grundschule eingetragen hätten. Wir werden immer wieder an „Weggabelungen" kommen, bei denen Sie auch andere Pfade einschlagen können, als den, den wir hier gehen. Wir folgen hier einem umsichtigen Schritt-für-Schritt Plan. Der ist gut, aber es ist nicht der einzige Weg, sich Facebook zu erschließen. Wählen Sie den Weg, der Ihnen am sinnvollsten erscheint.

INFO   **Abmelden und wieder anmelden**

Vielleicht jetzt, vielleicht in zehn Minuten oder in zwei Stunden – irgendwann haben Sie erst einmal genug von Facebook und wollen eine längere Pause machen. Vielleicht in einer Stunde, morgen oder in einigen Tagen möchten Sie das Ganze fortsetzen. Umsichtig, wie Sie sind, beherzigen Sie unseren Rat und loggen sich aus, das heißt melden Ihr Konto ab. Das geht so:

Ganz oben rechts in der Facebook-Maske sehen Sie diese kleine Leiste, sie ist immer da. Sie sehen sie trotzdem nicht? Dann scrollen Sie hoch mit der Maus oder mit dem Scroll-Balken rechts. Wenn es nicht mehr höher geht, muss diese Leiste sichtbar sein.

Und ganz rechts in dieser Leiste zeigt ein kleines blaues Dreieck nach unten (bei einigen von Ihnen vielleicht auch noch ein kleines Zahnrad). Da klicken Sie und wählen dann in dem kleinen Fenster, das sich öffnet, „Abmelden". Jetzt sind Sie ausgeloggt = abgemeldet.

Und wie kommen Sie später wieder „rein"? Sie rufen in Ihrem Browser Facebook auf, indem Sie in der Adresszeile „facebook.de" eingeben. In modernen Browsern genügt das, in älteren kann man „www.facebook.de" oder „http://facebook.de" nehmen.

Dann erscheint wieder das große Dialogfenster, das wir schon zuvor für die Registrierung gesehen haben.

Doch wir sind schon registriert, die Felder unten werden wir nicht noch einmal ausfüllen (das würde Facebook auch merken und uns auf den Fehler hinweisen).

Wir melden uns jetzt einfach an in der kleinen Zeile ganz oben. Im linken Feld geben wir unsere E-Mail-Adresse ein (die, die wir bei der Registrierung angegeben haben), rechts unser Passwort und in dem kleinen Kästchen „Angemeldet bleiben" klicken wir den Haken weg. Gemeint ist hier: Wenn wir versehentlich Facebook beenden, ohne uns abzumelden (sowas passiert mir immer mal wieder), und später wieder am selben Rechner Facebook aufrufen, dann sind wir weiter angemeldet, eingeloggt. Und von dieser bequemen Option raten wir Ihnen

Registrieren

Facebook ist und bleibt kostenlos.

| Vorname | Nachname |

Deine E-Mail

E-Mail nochmals eingeben

Neues Passwort

Geburtstag:

| Tag: ▼ | Monat: ▼ | Jahr: ▼ | Warum muss ich meinen Geburtstag angeben? |

○ Weiblich   ○ Männlich

Wenn du auf „Registrieren" klickst, akzeptierst du unsere Nutzungsbedingungen und erklärst unsere Datenverwendungsrichtlinien sowie Bestimmungen zur Verwendung von Cookies gelesen zu haben.

Registrieren

Facebook-Anmeldung

Du musst dich anmelden, um diese Seite sehen zu können.

E-Mail oder
Telefon:

Passwort:

☐ Angemeldet bleiben

Anmelden oder **Für Facebook registrieren**

Passwort vergessen?

aus Sicherheitsgründen ab.

Gelegentlich kann übrigens das Anmeldefenster, das wir beim Aufruf von Facebook sehen, auch so aufgebaut sein.

Der Inhalt ist der gleiche, nur der Aufbau ist anders, lassen Sie sich hiervon nicht irritieren.

PASSWORT VERGESSEN?

Gleich auf der Anmeldeseite sehen Sie direkt unter den Feldern, in die Sie normalerweise Ihre E-Mail-Adresse und Ihr Passwort eingeben, recht klein den Link „Passwort vergessen?". Klicken Sie hier und lassen Sie sich von dem Programm durch die nächsten Schritte führen.

Wenn Sie außerdem keinen Zugang mehr zu Ihrem E-Mail-Konto haben, steht zu hoffen, dass Sie entweder eine weitere, noch zugängliche E-Mail-Adresse bei Facebook in Ihren Kontoinformationen erfasst haben oder eine Mobilfunknummer – am besten beides.

Ein erster Rundblick

Doch zurück zu der Stelle, an der wir eben kurz unterbrochen haben: Sie haben sich ja gerade bei Facebook registriert. Dann müssten Sie jetzt noch auf der Willkommensseite sein, dort wo oben steht: „Willkommen bei Facebook, …"

Wenn Sie ein anderes Bild sehen, ist das auch nicht schlimm. Am linken Rand sehen Sie jedenfalls eine Leiste mit Symbolen, eine Art Hauptmenü. Wir sind gerade dort, wo das weiße „f" auf blauem Grund und „Willkommen" steht. Klicken Sie auf das weiße „f".

Diese Willkommensseite wird irgendwann verschwinden (wenn Sie alle offenen Fragen beantwortet haben), die anderen werden bleiben – und weitere kommen mit der Zeit hinzu.

Das oberste Symbol dieser Leiste über dem weißen „f" ist entweder eine leere Kopf-Silhouette oder, wenn Sie schon ein Foto hochgeladen haben, dann eben dieses Foto. Daneben steht Ihr Name, so, wie Sie ihn bei der Registrierung angegeben haben.

Bevor wir jetzt alle Optionen und möglichen Klicks „abklappern" und neugierig schauen, was sich hinter diesem Begriff oder jenem Symbol wohl verbergen mag, gehen wir als Erstes an einen wichtigen, aber fast versteckten Ort!

Sicherheitseinstellungen für den Einstieg

Für die ersten Gehversuche empfehlen wir Ihnen, zunächst einen Blick auf die Sicherheitseinstellungen zu werfen und ein unkritisches „Einsteiger-Sicherheitsprofil" anzulegen. So, wie unerfahrene Schwimmer nicht gleich mit dem Brandungsbaden anfangen, sollten auch wir uns zu Beginn auf besonders sicherem Boden bewegen.

Wir sagen uns darum zum Start: Bei der Generalprobe sollen nicht gleich alle zuschauen! Später können Sie davon abweichen und andere Einstellungen wählen. Bei einigen dieser späteren Änderungen werden wir Sie auch begleiten.

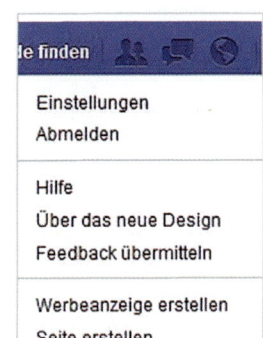

Wir schauen dazu nochmals auf die kleine Leiste ganz oben rechts, die eigentlich immer zu sehen sein muss, wenn Sie bei Facebook angemeldet sind. Ganz rechts ist ein fast unsichtbares kleines Dreieck. Da klicken Sie bitte drauf.

Den zweiten Menüpunkt „Abmelden" kennen wir schon, uns interessiert jetzt aber der erste mit Namen „Einstellungen". Klicken Sie bitte darauf. Es öffnet sich ein recht großes Fenster mit vielen Unterpunkten.

Hier interessieren uns in diesem ersten Schnelldurchlauf für den Einstieg drei Menüpunkte: „Sicherheit", „Privatsphäre" und „Chronik und Markierungseinstellungen", der zweite, dritte und vierte Eintrag von oben am linken Rand.

Im Untermenü „Sicherheit" gibt es sieben Aktionsbereiche und die Deaktivierungsoptionen ganz unten. Wir empfehlen Ihnen, „Anmeldebenachrichtigungen" zu aktivieren, derzeit sind sie deaktiviert. Klicken Sie auf „bearbeiten" beziehungsweise den kleinen Stift links daneben.

Sicherheitseinstellungen

Sicherheitsfrage	Durch das Einrichten einer Sicherheitsfrage können wir dich besser identifizieren.	Bearbeiten
Sicheres Durchstöbern	Das sichere Durchstöbern ist derzeit **aktiviert**.	Bearbeiten
Anmeldebenachrichtigungen	Wir können dich darüber informieren, wenn von einem Computer oder Handy auf dein Konto zugegriffen wird, dass du zuvor nicht verwendet hast. Wähle unten eine Benachrichtigungsmethode aus: ☑ E-Mail-Adresse ☐ SMS/Push-Benachrichtigung **[Änderungen speichern]** [Abbrechen]	
Anmeldebestätigungen	Ein Sicherheitscode ist **nicht erforderlich**, wenn du dich von einem unbekannten Browser aus anmeldest.	Bearbeiten
Passwörter für Anwendungen	Du hast noch keine Anwendungspasswörter erstellt.	Bearbeiten
Bekannte Geräte	Du verfügst über **1** bekannte Geräte.	Bearbeiten
Aktive Sitzungen	Angemeldet von **Frankfurt Am Main, HE, DE**.	Bearbeiten

Sie wählen dann „E-Mail-Adresse" und „Änderungen speichern". Mit dieser kleinen Einstellungsänderung haben Sie festgelegt, dass Sie per E-Mail informiert werden, wenn Ihr Facebook-Konto von einem anderen Gerät als dem, auf dem Sie sich registriert haben, aufgerufen wird.

Wozu das? Es ist zwar nicht sehr wahrscheinlich, aber es kann sein, dass unberechtigte „Dritte" versuchen, in Ihr Facebook-Konto zu kommen, es aufzurufen. So ein Versuch würde ziemlich sicher von einem anderen Gerät erfolgen als dem, das Sie gerade nutzen.

Damit das funktioniert, müssen diese bösen Menschen zunächst Ihre E-Mail-Adresse kennen – nun, die ist kein Geheimnis. Dann müssen sie Ihr Passwort „erraten" (ist es sicher genug?).

Facebook informiert Sie jedenfalls sehr höflich und zuvorkommend, wenn ein solcher Anmeldeversuch unternommen wurde. Facebook nimmt also an, dass es

> **facebook**
>
> Hallo Peter,
>
> Es tut uns leid, dass du bei der Anmeldung für dein Facebook-Konto Probleme hattest.
>
> **Kehre jetzt zu Facebook zurück**
>
> Du kannst zudem Hilfe mit Passwörtern oder Hilfe bei der Anmeldung auf Facebook erhalten.
>
> Grüße,

sich um ein Versehen von Ihnen handelt – und vermutlich ist das auch in 99 Prozent der Fälle so. Gerade auf Handys kann man sich leicht vertippen. Aber wenn Sie ganz sicher sind, dass Sie Facebook nicht von einem Handy, Tablet oder einem anderen PC oder Laptop aus aufgerufen haben, dann sagt Ihnen diese Mail: Jemand anders hat's getan.

Das muss noch kein echter Angriff sein, derjenige kann sich ja in der Mailadresse vertippt haben – er wollte ein ganz anderes Konto öffnen. Aber aufmerksam machen sollte es Sie. Wenn Sie die Nachricht ein weiteres Mal erhalten, sollten Sie Ihr Passwort noch ein wenig sicherer, das heißt noch länger und schwerer zu erraten machen.

So weit die Anmeldeversuche, die nicht funktioniert haben. Aber was, wenn sich jemand unberechtigterweise auf Ihrem Konto angemeldet hat? Zunächst: Das ist noch deutlich unwahrscheinlicher, als dass ein versehentlicher, erfolgloser Anmeldeversuch stattfindet. Doch wir haben jetzt mit der Aktivierung der Anmeldebenachrichtigung eingestellt, dass wir über so eine Anmeldung von einem anderen Gerät aus per E-Mail informiert werden.

---

facebook

Hallo Peter,

Wir haben festgestellt, dass eine Anmeldung für dein Konto von einem unbekannten Gerät um Sonntag, 5. Mai 2013 um 14:09 erfolgt ist.

Gerät: iPhone
Name des Anbieters: Vodafone
Ort: Niedernhausen, HE, DE (IP-Adresse=109.84.0.41)

Hinweis: Orte basieren auf den Informationen des Internetdienstleisters.

Falls du das warst, kannst du diese E-Mail ignorieren.
Falls du das nicht warst, bitte <u>schütze dein Konto</u>, weil es sein kann, dass sich jemand anderes dafür anmeldet.

Danke,
Das Facebook-Sicherheitsteam

Anhand dieser Informationen kann man zwar einen möglichen „Übeltäter" nicht identifizieren. Aber es lässt sich doch ziemlich sicher erkennen, ob es eine unkritische eigene Anmeldung war oder ob hier wirklich jemand unberechtigt mit unserem Facebook-Konto herumspielt. Und in diesem Fall sind dann weitere Maßnahmen zu ergreifen. An erster Stelle steht da natürlich wieder: Passwort ändern!

Diese Maßnahmen werden wir ausführlich behandeln, wenn wir in das Thema „Sicherheit" detaillierter einsteigen. Für unser Einsteiger-Sicherheitsprofil genügt das zunächst, wir schließen dieses Kapitel, alles andere kann hier so belassen werden, wie es ist.

„Privatsphäre"

In diesem Untermenü von „Einstellungen" ändern Sie bitte drei voreingestellte Werte:

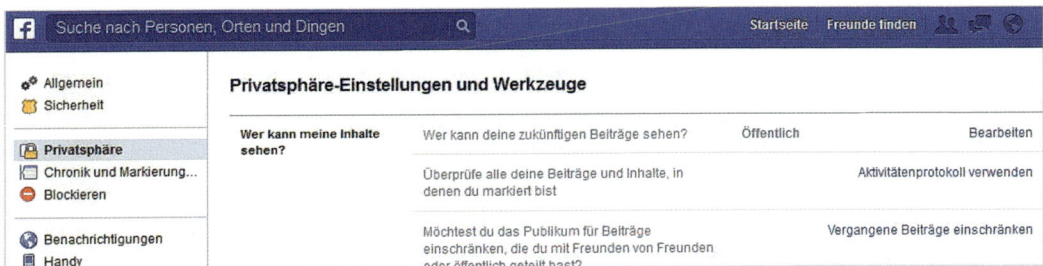

„Wer kann deine zukünftigen Beiträge sehen?" Die Voreinstellung ist „Öffentlich", bitte ändern Sie das auf „Freunde". Klicken Sie dazu zunächst rechts neben der Frage auf „Bearbeiten" und dann auf „Öffentlich". Es öffnet sich ein Klappmenü, in dem Sie „Freunde" durch Klick auswählen.

So stellen Sie sicher, dass nur Personen, die Sie als Freund bestätigt haben, sehen können, was Sie so schreiben und an sonstigen Informationen in Facebook hinterlassen.

Sie können die Sichtbarkeit Ihrer Beiträge auch noch strenger eingrenzen bis hin zu: „Nur ich". Aber das ist nicht die Empfehlung.

Bei Ihren Adressen (bisher haben Sie ja nur Ihre E-Mail-Adresse angegeben) verfahren Sie bitte analog und wählen hier nur „Freunde".

Und bei der Sichtbarkeit für Suchmaschinen (wie Google oder bing) entfernen wir das Zustimmungshäkchen ganz unten.

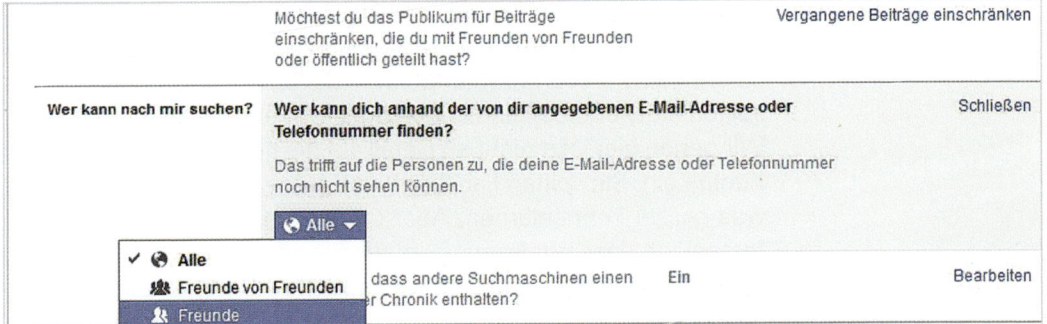

Facebook warnt uns nochmals, dass uns unsere Freunde dann kaum noch finden können, und fragt, ob wir sicher sind. Ja, wir sind sicher und bestätigen, dass der kleine Kasten unten kein Häkchen enthalten soll.

„Chronik und Markierungseinstellungen"

Sie haben jetzt erste Erfahrungen gesammelt, wie man Einstellungen in Facebook vornimmt. Sie klicken auf „Bearbeiten" und markieren wieder mit einem Mausklick in dem jeweiligen Menü die Option, die Sie auswählen wollen.

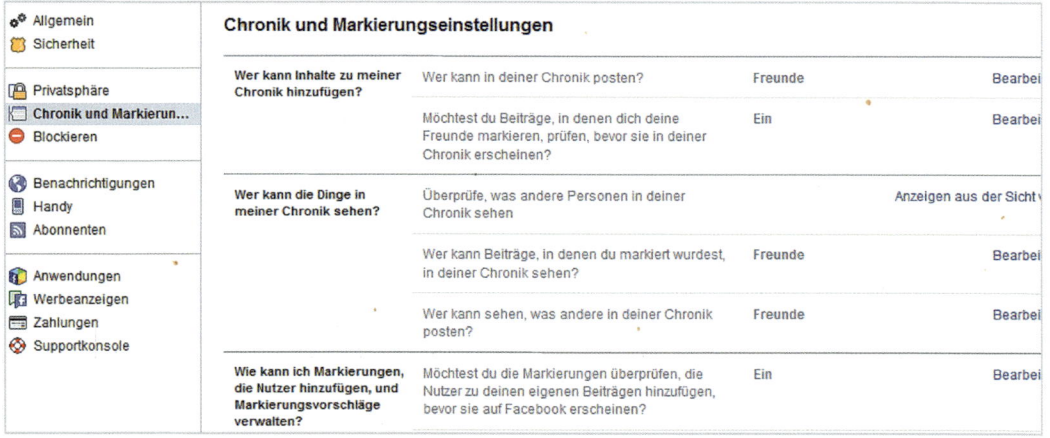

So sollte das große Fenster „Chronik und Markierungseinstellungen" für Ihren Einstieg aussehen. Da, wo man das „Publikum" definiert, sollte „Freunde" stehen, und die beiden Prüfungsoptionen sollten aktiviert sein, sodass sie auf „ein" stehen.

Wir gehen hier jetzt nicht im Detail auf die tiefere Bedeutung jedes Punkts ein. Sie sollten Facebook und seine Optionen dazu erst etwas besser kennenlernen. Aber unter dem Strich haben Sie jetzt festgelegt, dass nur Menschen, die Sie persönlich ausgewählt haben (Ihre Freunde), an Ihre Pinnwand, Ihre Chronik, etwas schreiben dürfen. Und Sie haben festgelegt, dass Sie erst gefragt wer-

den, bevor Sie oder andere auf Fotos in Ihrer Chronik „markiert"
werden.
Geschafft! Unser Einsteiger-Sicherheitsprofil ist eingerichtet!
Herzlichen Glückwunsch! Sie haben sich jetzt ein sehr großes Maß
an Sicherheit zugelegt, sind nahezu unsichtbar für Dritte und werden sofort informiert, wenn jemand auf Ihr Konto zugreift.
Spätestens jetzt können Sie anfangen, sich ein wenig in Ihrem
noch recht kleinen sozialen Netz zu bewegen.

STARTSEITE UND CHRONIK IN FACEBOOK

In Facebook sind für Sie zwei Seiten besonders wichtig, die Startseite und die Chronik. Wegen ihrer besonderen Bedeutung stellen
wir beide hier ausführlich vor.
Als erste grobe Orientierung können Sie sich schon mal merken:
■ Startseite: eine Art Informations- und Steuerungszentrale. Hier
laufen all die Nachrichten und Neuigkeiten ein, die Sie bestellt haben oder die Facebook für wichtig für Sie hält.
■ Chronik: eine Art persönliche Webseite in Facebook. Je mehr
Sie über sich erzählen, wird die Chronik zu Ihrer Lebensgeschich-
te, zu Ihrer Beziehungs-, Erlebnis- und Ereignis-Pinnwand.

Das neue Design

Facebook hat Mitte 2012 begonnen, die beiden Seiten für die Benutzer auf ein neues, moderneres Format oder „Design" umzustel-
len. Die Umstellung ist 2013 noch in vollem Gange.
Sie erkennen das neue Format zum Beispiel daran, dass die linke
Seitenleiste mit den diversen Menüpunkten (auch „Chatline" genannt) dunkel ist. Oder auch daran, dass ganz oben rechts das Zeichen für die globalen Einstellungen ein kleines Dreieck (und kein
Zahnrad) ist.
Wir nehmen hier im Folgenden an, dass Sie das neue Format sehen und verwenden.

Die Startseite – Ihre Informations- und Steuerungszentrale

Ihre Startseite wird für Sie vermutlich zu einer der wichtigsten und meistbesuchten Seiten des weiten Facebook-Landes werden, das Sie gerade betreten. Hier laufen alle Informationen zusammen, die in irgendeiner Form Bezug zu Ihnen haben.

Die Startseite zeigt kein Tagebuch und keine Dokumentation Ihrer bisherigen Aktionen in Facebook (das gibt es auch, es heißt „Aktivitäten-Protokoll"). Die Startseite wird in erster Linie Beiträge, Bilder, Veranstaltungen etc. Ihrer Freunde zeigen.

Ihre eigenen Beiträge & Co. sehen Sie, wenn Sie oben links auf Ihr Profil-Symbol klicken – so kommen Sie zu Ihrer Chronik! (Lesen Sie hierzu den nächsten Abschnitt.)

Um auf die Startseite zu kommen, klicken Sie oben rechts auf „Startseite". Oder klicken Sie oben links auf das weiße „f", neben dem Suchfeld.

In der Mitte des Bildschirms sehen Sie die Neuigkeiten, den Nachrichtenstrom. Oben steht das Frischeste, nach unten werden die Beiträge älter. Um die Nachrichtenflut etwas zu kanalisieren, können Sie oben rechts im Kasten „Neuigkeiten" die Meldungen filtern (nur Fotos, alle Beiträge von Freunden, nur Musikbeiträge etc.). Mit „neueste Meldungen" haben Sie eine pragmatische Auswahl getroffen.

Links neben dem breiten Nachrichtenstrom finden Sie die „Chatleiste" (<Tschätt>-Leiste) oder Seitenleiste (Facebook verwendet beide Begriffe). Das ist eine Art Hauptmenü für viele spezielle Auswahlen, Anwendungen und Sonderseiten. Den genauen Inhalt passt Facebook flexibel dem verfügbaren Platz und Ihren Aktivitäten an. Wenn Sie zum Beispiel Mitglied in Gruppen sind oder Spiele spielen, werden diese Spiele und Gruppen hier angezeigt.

Rechts neben dem Nachrichtenstrom auf der Startseite werden Sie oft Werbung finden, sogenannte gesponserte Meldungen. Vieles wird hier angeboten: Einladungen zu Spielen, Stayfriends, Zahnbehandlungen, Single-Kontakte etc. Männer sehen anderes als Frauen, Junge anderes als Alte. Je mehr Interessen Sie an irgendwelchen Themen zeigen, desto genauer werden diese Anzeigen auf Ihr vermeintliches Profil abgestimmt.

Die Chronik – eine Art persönliche Webseite

„Deine Chronik ist eine Sammlung von Fotos, Meldungen und Erfahrungen, die deine Geschichte erzählen." (Zitat aus der Facebook-Hilfe zum Thema „Chronik", darum auch die Du-Form).
Auf Englisch heißt die Chronik „timeline" (<taimlain>), Zeitleiste. Auch in deutschen Texten wird dieser Begriff oft verwendet.
Sie kommen zu Ihrer Chronik, indem Sie links oben auf Ihren Namen klicken oder auf das Profilsymbol daneben. In der Mitte geht dann ein breites Fenster auf mit mehreren „Reitern" (wie virtuelle Karteikarten), der Reiter ganz links ist bereits ausgewählt und heißt „Chronik".

In der Mitte der Chronik finden Sie eigene Profilinformation sowie Ihre Beiträge. Im Wesentlichen ist Ihre Chronik Ihre persönliche Seite. Doch es ist wie bei einer Pinnwand in der eigenen Küche: Ganz allein befüllen Sie Ihre Chronik nicht. Auch andere können, wenn Sie das nicht „abschalten", etwas in Ihrer Chronik posten.

So steuern Sie, ob und wer etwas in Ihrer Chronik posten darf.

■ Klicken Sie auf das Zahnrad-Dreiecks-Symbol rechts neben „Aktivitätenprotokoll", das oben in Ihrem Hintergrundbild zu sehen ist.

■ Es öffnet sich das Fenster für Chronikeinstellungen und Markierungen.

■ Wählen Sie hier, wer in Ihrer Chronik posten darf. „Freunde" ist
eine mögliche Einstellung, „Nur ich" erscheint besser. Es ist Ihre
Chronik!

	Wer kann sehen, was andere in deiner Chronik posten?	Freunde von Freunden	Bearbeiten
Wie kann ich Markierungen, die Nutzer hinzufügen, und Markierungsvorschläge verwalten?	Möchtest du die Markierungen überprüfen, die Nutzer zu deinen eigenen Beiträgen hinzufügen, bevor sie auf Facebook erscheinen?	Aus	Bearbeiten
	Wen möchtest du zu dem Publikum hinzufügen, der noch nicht Teil davon ist, wenn du in einem Beitrag markiert wirst?	Freunde	✎ Bearbeiten
	Wer kann Markierungsvorschläge sehen, wenn Fotos hochgeladen werden, die dir ähneln? (noch nicht verfügbar für dich)	Nicht verfügbar	

ETWAS VON SICH ERZÄHLEN

Soziales Netz, das bedeutet, mit anderen zu kommunizieren. Da ist
es nur höflich, sich als Erstes vorzustellen. Wir werden also ein Bild
von uns hochladen: Unser PC, Laptop oder Tablet, unser Gerät mit
unseren Bildern ist, „unten", der Facebook-Server ist „oben", wenn
wir da ein Bild hinschicken, dann „laden wir es hoch". Und wir
werden ein wenig von uns erzählen. Dazu klicken Sie bitte links
oben auf die Kopf-Silhouette, daneben steht Ihr Name.

Ein Profilbild hochladen

In der Silhouette steht „+ Profilbild hinzufügen", klicken Sie darauf.
Trotz unserer vorsichtigen Sicherheitseinstellungen – unser Profilbild wird immer öffentlich sein. Wir können nur einschränken, wer
erfährt, wem unser Profilbild gefällt.

Was für ein Bild soll man als Profilbild wählen? Auch wenn die Szene vor der Sauna wahnsinnig komisch war und Sie wirklich lustig und gesellig darauf aussehen – überlegen Sie bitte nochmals, ob das wirklich das ideale Foto für Ihr Profil ist.

Wenn gerade gar kein geeignetes Foto zur Hand ist – was halten Sie von einem Tier? Quietsche-Entchen ist sehr beliebt, aber vielleicht haben Sie ja noch anderes Material zur Hand. Oder Sie nehmen ein Wahrzeichen, ein Sternbild, eine Landkarte, eine Pflanze – alles, solange Sie das Recht haben, dieses Foto zu benutzen.

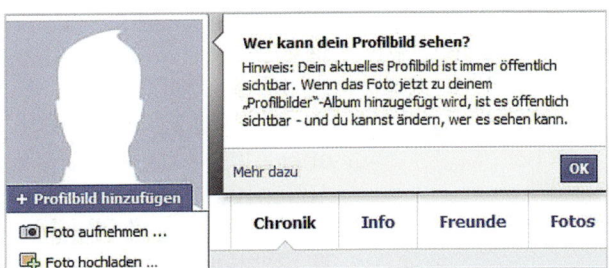

INFO   Verwendung von Bildern: „Nutzungsrechte"

Zum Thema Urheber- und Nutzungsrechte kann man eigene Bücher füllen und viele Webseiten lesen. Wir beschränken uns hier auf eine sehr einfache Sicht: Ausreichende Rechte an einem Bild haben Sie immer, wenn Sie das Foto selbst geschossen haben und niemand anderes darauf erkannt werden kann. Nicht als Person (Gesicht), aber auch nicht über eindeutig personenbezogene Daten (Autokennzeichen, Telefonnummer etc.). Auch so etwas sollte nicht zu sehen sein.

Ungeeignet sind weiter Bilder von Ausweisen aller Art. Kopien, das heißt Screenshots (<skriinschotts>, Schnappschüsse vom Bildschirm), sind schnell gemacht, und schon hat jemand anderes eine Bilddatei von Ihrem Ausweis.

Das Bild, das Sie hochladen, sollte scharf, plakativ, quadratisch und weder zu groß noch zu klein sein. Es sollte außerdem in einem Standard-Grafikformat vorliegen.

■ Scharf: Ihr Profilbild wird mitunter recht groß gezeigt, unscharfe Bilder sind einfach nicht schön.

■ Plakativ: Ihr Bild wird oft sehr klein gezeigt. Wenn Sie am Horizont auf einer Blumenwiese stehen, wird man Sie kaum erkennen.

■ Quadratisch: Ihr Profilbild wird selten als Originalbild zu sehen sein, sondern meist als „thumbnail" (<ßambnäil>), als kleiner, quadratischer Bildausschnitt. Damit Sie sicher sind, was da gezeigt wird, legen Sie das Profilbild besser gleich quadratisch an.

■ Weder zu groß noch zu klein: Das Mindestformat für das Profilbild sind 180 x 180 Pixel (= Bildpunkte), kleinere Bilder weist Facebook zurück. Größere Bilder sind möglich (bis 200 x 600), aber für die kleinen „thumbnails" wählt Facebook daraus einen 160 x 160-Ausschnitt. Darum ist das ideale Profilbild quadratisch und mindestens 180 x 180 Pixel groß.

■ Standard-Grafikformat: So ein Format erkennen Sie daran, dass der Dateiname auf jpg, gif oder png endet. Spezialformate wie „nef" von Nikon und „aps" von Canon kann Facebook nicht erkennen.

INFO **Bildanpassung an Facebook-Formate**

Viele schöne Bilder sind für eine gute Anzeige in Facebook einfach zu groß oder haben die falschen Seitenverhältnisse. Wie bringt man so ein Bild auf die Facebook-Idealmaße?

Verwenden Sie dazu entweder Ihre eigene Bildbearbeitungssoftware. Wenn Sie das Bild mit dem Smartphone/iPhone gemacht haben, haben Sie darauf vielleicht eine Bildbearbeitungs-App installiert.

Als Alternative gibt es auch kostenlose Webseiten für solche Bildanpassungen. Hier sind zwei von einer ganzen Gruppe von Angeboten:

- http://fotosverkleinern.de
- http://resizeyourimage.com (in englischer Sprache)

Mit diesen Tools können Sie auch unlesbare Formate in Standardformate umwandeln. Am gebräuchlichsten ist JPG.

Von den beiden Möglichkeiten in der Silhouette wählen Sie „Foto hochladen" und kommen damit in den Dateimanager von Ihrem PC, Laptop oder Tablet.

Wählen Sie ein Bild mit Doppelklick oder „Öffnen" – und warten Sie ein paar Sekunden. Je nach Größe des Bildes und nach Übertragungsgeschwindigkeit an Ihrem Gerät können daraus allerdings auch Minuten werden.

Wenn Ihnen das Bild nicht gefällt oder aus anderen Gründen ersetzt werden soll, verfahren Sie einfach wieder genauso. Sie klicken in dem aktuellen Bild (dort, wo eben noch die unpersönliche Silhouette war) jetzt auf „Profilbild bearbeiten" und können nun zwischen vier Optionen wählen.

- **Foto aufnehmen:** behandeln wir im nächsten Abschnitt.
- **Foto hochladen:** hier genau der gleiche Ablauf wie eben beschrieben.

■ **Miniaturbild bearbeiten:** Hier können Sie den Ausschnitt des Miniaturbilds, den Facebook aus Ihrem Profilfoto gewählt hat, verschieben.

■ **Entfernen:** Hier können Sie das aktuelle Bild als Profilbild löschen (in Ihrer Chronik wird es allerdings weiter gezeigt werden). Wenn Sie kein neues Bild hochladen, wird dann also wieder die Silhouette als Ihr Profilbild gezeigt.

Foto aufnehmen

Dieser Weg funktioniert nur, wenn Sie eine Kamera an Ihr Gerät angeschlossen haben. Bei Smartphones und Tablets ist das automatisch der Fall, viele Laptops haben ebenfalls eine integrierte Kamera. Bei PCs muss man meist eine externe Kamera verwenden. Externe Kameras für den PC sind recht günstig, man bekommt sie leicht für unter 50 Euro.

Der Anschluss der Kamera ist in aller Regel sehr einfach: USB-Stecker in einen freien Schlitz stecken und zwei Minuten warten. Die Treiber werden währenddessen automatisch installiert. Wenn das nicht so funktioniert, liegt meist eine Installations-CD/-DVD in der Kameraverpackung. Oder Sie suchen im Internet bei dem Hersteller nach einem Download für den Kameratreiber.

Wir nehmen jetzt an, eine Kamera ist bei Ihrem Gerät verfügbar. Sie klicken bitte auf „Foto aufnehmen". Facebook sucht dann selbst nach einem Live-Kamerabild und findet es innerhalb weniger Sekunden. Sie sehen dann zunächst, was eben gerade im aktuellen Kameraausschnitt zu sehen ist (zum Beispiel der Kragen von Ihrem Hemd).

In dem kleinen Menü erlauben Sie den Zugriff auf die Kamera („Zulassen" klicken, speichern müssen Sie das nicht). Anschließend drücken Sie auf „Schließen".

Jetzt setzen Sie bitte das, was Sie als Profilbild verwenden wollen, korrekt in Szene (gerade sitzen, lächeln!), achten darauf, dass rund um das Motiv an allen Seiten etwas Platz ist und klicken auf „Take" am unteren Bildrand. (Sie sehen, das Übersetzerteam von Facebook hat sich noch etwas Arbeit gelassen. Wir werden auf solche Stellen noch häufiger treffen).

Ein kleiner Countdown von fünf Sekunden läuft – und das Foto ist gemacht. Sieht es gut aus? Dann klicken Sie bitte auf „Als Profilbild verwenden". Andernfalls auf „Reset" – und das Ganze geht wieder von vorne los.

Ein schon hochgeladenes Foto als Profilbild verwenden

Im Beispielkonto, das wir hier für die Screenshots verwenden, haben wir erst einen kleinen Hund aus einer vorhandenen Bildersammlung als Profilbild gewählt. Dann haben wir mit der Kamera ein Kaspertheater-Krokodil aufgenommen. Das ist jetzt gegen den Hund ausgetauscht.

Alle beide, zusammen mit einem Apfel, den wir auch schon hochgeladen hatten, um ihn als Profilbild zu verwenden, werden im persönlichen Profil unter „Fotos" angezeigt.

Wir möchten nun auch das Krokodil nicht mehr verwenden (sehr schlecht belichtet), sondern eines der vorhandenen, schon hochgeladenen anderen Profilbilder, konkret: den Apfel.

Es geht ganz einfach: Klick auf den kleinen Bleistift oben rechts im Bild, „Als Profilbild verwenden" klicken – und fertig.

INFO **Wenn Facebook „Schluckauf" hat**

Es gibt Aktionen in Facebook, die eigentlich immer völlig reibungslos funktionieren – und andere, die mitunter mal haken können. Der kleine Kreis dreht sich und dreht sich (oder wie immer das in Ihrem Browser aussieht), und nichts geht voran. Der Facebook-Server – Ihr Gerät und die Internetverbindung dazwischen haben sich irgendwie zusammen verschluckt. „Bilder hochladen" ist so ein Bereich, der nicht immer ganz robust läuft.

Was ist zu tun? Ein wenig abwarten, und wenn das nichts nützt, mal einen anderen Menüpunkt anklicken. Facebook fragt Sie dann sicher, ob Sie den aktuellen Vorgang abrechen wollen – ja, wollen Sie. Und dann zurück und nochmals von vorne.

Letzter Ausweg: Alles abschalten und wieder hochfahren.

Persönliche Daten und Lebenslauf-Stationen

Facebook ist keine Plattform für Bewerbungen, es werden nicht alle zurückliegenden Ausbildungsstationen und Arbeitgeber erfasst. In Facebook steht nur, was Sie für wichtig halten, damit Ihre Freunde und Bekannten Sie finden und erkennen.

Die wichtigsten Eckdaten können Sie einfach als Text in die entsprechenden Felder eingeben. Beim Autor hat Facebook aufgrund seiner IP-Adresse (<ai-pi-Adresse>) schon Bad Homburg als seinen aktuellen Standort erkannt. Facebook hat dabei angenommen, dass er da auch wohne. Wir können es bestätigen (Klick und „Hinzufügen") oder etwas anderes eingeben. Fantasieorte wie „Entenhausen" werden aber nicht angenommen, gleich mit Ihrer ersten Texteingabe macht Facebook Vorschläge, um Ihre Eingabe sinnvoll zu vervollständigen. Nach „Universität Ha" steht zum Beispiel „Universität Hamburg" in der Auswahlliste an erster Stelle. So geht es bei Orten und Schulen ebenfalls.

Sollten Sie sich vertippt haben, einen Eintrag einfach wieder löschen oder zumindest ändern wollen, dann finden Sie unter „Info" sowie in den kleinen „Bearbeiten"-Menüs die entsprechenden Möglichkeiten.

In dieser Abbildung sehen Sie einerseits, was wir in diesem Beispiel-Account erfasst haben. Von vielen Institutionen und Orten hat Facebook bereits Bilder oder Logos, so etwa von der Universität Hamburg oder von der Schule des Autors. Darum kann das hier so angezeigt werden.

Sehen Sie bitte auch die sehr kleinen Symbole rechts daneben: zwei Personen-Silhouetten, eine Weltkugel, ein Vorhängeschloss. Sie sind nur im „Bearbeiten"-Modus sichtbar und zeigen an, für wen diese Information (also zum Beispiel Ihre Schule) sichtbar ist:

- Weltkugel: alle, Facebook nennt das „öffentlich"
- Personen-Silhouetten: nur Freunde
- Vorhängeschloss: nur Sie allein

Als Standard ist immer „öffentlich" (die Weltkugel) eingestellt.

Im Beziehungsmenü können Sie sehr viel erfassen, unter anderem den Namen des Partners, sein/ihr Bild, einen Hochzeitstag oder Ähnliches, weitere Kommentare und Hinweise. Unsere Empfehlung: Auch wenn es eine ganz enge, vertraute Beziehung ist: Fragen Sie den Betroffenen, bevor Sie es veröffentlichen.

INFO   Informationen über andere Personen

Der Punkt „Persönlichkeitsrechte" ist so wichtig, dass wir ihn nochmals hervorheben möchten: Wenn Sie etwas über Dritte veröffentlichen, egal über wen, machen Sie deren Privatsphäre in Teilen öffentlich. Und dazu sollte die Zustimmung des Betroffenen vorliegen. Wenn diese Zustimmung nicht eingeholt werden kann, dann sollte man sie als nicht erteilt ansehen.

Ein sehr konkretes ganz privates Beispiel: Die kleine Enkelin ist bei Oma und Opa zu Besuch und geht zur großen Freude der Großeltern selbstständig auf den Topf. Opa macht davon ein Foto und will es mit einem launigen Kommentar in Facebook posten. Harmlos? Auch in zehn Jahren noch, wenn das junge Mädchen damit in der Schule aufgezogen wird? Was auch immer Sie über Kinder ins Netz stellen, die Chancen sind groß, dass die sich schon in wenigen Jahren –

nämlich dann, wenn sie dazu eine eigene Meinung haben – dafür nicht gerade bedanken werden (von weitergehenden, aktuellen Risiken ganz zu schweigen).

Aber es geht nicht nur um Kinder. Selbst wenn Sie persönlich hier eine sehr klare und wohlfundierte Ansicht haben – andere haben andere Ansichten, ob nun fundiert oder nicht. Facebook ist sehr groß; schreibt man über Dritte, dann greift man in deren Leben ein. Unser Rat darum: Im Zweifel die andere Person NICHT zeigen, nicht zitieren, nicht von ihrem Aufenthaltsort berichten.

Zurück zu den Informationen, die wir über uns selbst veröffentlichen: Facebook ist schlau und schnell und hat bereits auf Basis der wenigen Angaben vom Autor zum Beispiel erste Vorschläge für ein paar Freunde generiert.

Weitere Vorschläge zu Freunden erhalten wir, wenn wir Lieblingsmusik und -fernsehserien, Bücher und Filme angeben. Schon die Facebook-Vorschläge zu diesen Büchern und TV-Serien, die wir aktuell erhalten, sind nicht zufällig, sondern Ergebnis einer Profilauswertung von Facebook. Das persönliche Profil wurde ausgewertet: Männer der Altersgruppe des Autors, verheiratet, im Rhein-Main-Gebiet und mit dieser Ausbildung mögen mehrheitlich solche Musik, solche Filme etc.

Für viele Menschen ist das absolut okay, sie können nicht erkennen, dass ihnen hierdurch persönliche Nachteile entstanden sind. Aber man sollte sich schon bewusst sein, wie intensiv die eigenen Daten routinemäßig ausgewertet werden.

Um möglichst viele gleichgesinnte Freunde zu finden (und um Kommunikation mit Freunden geht es hier nun einmal), ist es ja durchaus sinnvoll, über Vorlieben, Hobbys und eigene Aktivitäten zu berichten. Nutzen Sie also diese Optionen! Sie können zudem jederzeit einen Lieblingsfilm, ein Lieblingsbuch, eine Lieblingsband etc. wieder von der Liste nehmen oder weitere hinzufügen.

FREUNDSCHAFTEN SCHLIESSEN

Sie haben Ihre Sicherheitseinstellungen überprüft und recht vorsichtig eingestellt, Sie haben ein Bild von sich hochgeladen und vielleicht noch ein paar andere Informationen von sich erfasst. Nun ist es wirklich an der Zeit, dass wir ans Kommunizieren gehen! Doch mit wem eigentlich?

Wenn Sie sich zufällig gerade mal wieder bei Facebook angemeldet haben, dann sind Sie wieder auf der Willkommensseite gelandet. Die sieht jetzt etwas anders aus als ganz zu Beginn: Die Aufforderungen, ein Bild hochzuladen und weitere Informationen zu geben, sind fortgefallen. Facebook hat gemerkt: Das ist fürs Erste erledigt. Und ebenso hat Facebook gemerkt: Sie haben noch keine Facebook-Freunde! Um hier voranzukommen, gibt es mehrere Verfahren.

Abgleich von E-Mail-Adressen

Facebook schlägt vor, dass Sie Ihre E-Mail-Adressenliste mit den Facebook-Mitgliedern abgleichen. Wir raten Ihnen davon ab, und zwar aus drei Gründen:

■ Wenn Sie nur wenige Personen einladen wollen, dann ist so eine eher auf Masse ausgerichtete Methode ungeeignet, weil unnötig. Gehen Sie manuell vor, einen nach dem anderen. Und schreiben Sie persönliche Einladungen. Die Masseneinladungen von Facebook klingen unpersönlich. Wie man persönlich einlädt, werden wir gleich sehen.

■ Die Chancen sind groß, dass Sie auf diesem Weg versehentlich auch Leute einladen, die Sie nicht einladen wollen. Entweder haben Sie dann einen Facebook-Freund, den Sie gar nicht wollen, oder der Betroffene reagiert verärgert. Zum Beispiel: „Was fällt dir ein, meine Mailadresse an Facebook zu geben!"

■ Sie geben Ihr E-Mail-Passwort im Internet weiter. Ihr E-Mail-Passwort sollte Ihnen heilig sein. „Freunde finden" ist keine Ausnahmesituation, für die man freiwillig sein E-Mail-Passwort bekannt gibt. Im Juni 2013 berichtete übrigens die „Tagesschau", dass exakt bei dieser Adressen-Abgleichsfunktion an die sechs Millionen Facebook-Nutzer Zugang zu nicht freigegebenen Adressdaten bekommen haben.

Vorschläge annehmen

Facebook hat Ihnen ja Vorschläge gemacht, wer ein Bekannter sein könnte. Beim Autor hat sich Facebook dafür an dem Ort orientiert, an dem er aufgewachsen ist (Hamburg), an der Schule und der Uni. Jeder der zehn Vorschläge hatte da mindestens eine Übereinstimmung – aber er kannte doch keinen.

Sie sollten aber trotzdem mal schauen, was das so für Leute sind und was die alles von sich zeigen. So sieht es aus, wenn jemand seine Infos „öffentlich" zeigt, also jedem, der sich das eben anschauen will. Durch unsere recht strengen Einstellungen gleich zu Beginn haben wir ja sichergestellt, dass wir auf diesem Weg zurzeit niemandem als Freund vorgeschlagen werden – nur weil der auch mal in Hamburg gewohnt hat.

Und sollten Sie tatsächlich jemand Bekanntes unter den Vorschlägen finden, verfahren Sie einfach so, wie im nächsten Abschnitt beschrieben wird.

Personen suchen und Freundschaften schließen

Oben am Bildschirmrand sehen Sie das Facebook-Suchfenster.

Hier geben Sie einfach den Namen einer Person ein, mit der Sie sich gerne auf Facebook „vernetzen" wollen. Für unsere Einführung nehmen wir Herrn Herbert Schnipkoweit.

Zum Glück ist dieser Name selten, in Facebook gibt es zurzeit nur einen. Herbert hat kein Profilbild von sich hochgeladen, sodass wir nicht sicher sein können, ob er es ist. Und die anderen Infos zu Herbert erhalten wir erst, wenn er unsere Freundschaftsanfrage bestätigt hat (so hat er sein Konto eingestellt, so ist auch unseres derzeit eingestellt).

INFO   **Freundschaft à la Facebook**

Viel hat die Facebook-Freundschaft mit der „normalen" Freundschaft im realen Leben eigentlich nicht gemeinsam. Man kann durchaus mit Menschen in Facebook befreundet sein, die man noch nie gesehen hat, mit denen man noch nie telefoniert oder eine E-Mail ausgetauscht hat. Es gibt nur eine Voraussetzung: Jemand hat eine Freundschaftsanfrage gestellt und der andere hat sie bestätigt. Ein virtueller Handschlag sozusagen.

Dann gibt es auf Facebook noch „enge Freunde", das sind Freunde, denen man besonders traut, die man besonders mag, von denen man gerne hören will. Wer enger Freund ist, kann man einseitig entscheiden, das muss nicht vom anderen bestätigt werden. Noch mehr: Der enge Freund erfährt es nicht mal. Das ist gut so, denn wenn wir jemandem diese Auszeichnung wieder wegnehmen (warum auch immer), wollen wir das nicht auch noch begründen müssen.

Doch Facebook kennt noch sehr viel mehr Freundschaftstypen, unter anderem „Bekannte" und auch „eingeschränkte" Freunde (vielleicht der eigene Chef?). Wir können selbst weitere Listen von Freunden erstellen und so gezielter bestimmen, wer welche Informationen von uns erhält.

Für eine erste Orientierung folgen Sie ruhig dem Link „Mehr dazu", der in dem Bild rechts oben zu sehen ist. Listen sind sicher keine besonders wichtige Technik für Einsteiger, aber sie sind nützlich, wir werden sie später vorstellen.

Anders als bei einer „normalen" Freundschaft ist es bei Fanseiten. So eine Beziehung ist immer einseitig. Fan einer Fanseite kann jeder werden, eine Bestätigung der Fanseite gibt es nicht.

Eine Freundschaftsanfrage stellen

Wir stellen also jetzt Herbert eine Freundschaftsanfrage und hoffen, dass er sie bestätigt. Kurz nach unserer Freundschaftsanfrage an Herbert erhält dieser eine E-Mail.

Hier kann er unsere Anfrage gleich akzeptieren, er kann aber auch in seinem Facebook-Account unsere Anfrage bestätigen (oder auf später verschieben).

In Facebook sieht Herbert sofort die rote „1" über dem Freunde-Symbol oben halb links. Er klickt darauf, die „1" verschwindet, und das gezeigte Fenster öffnet sich.

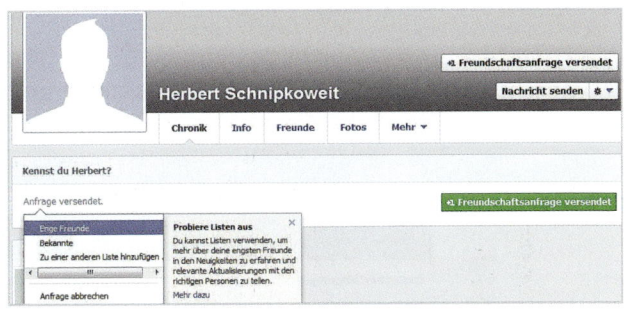

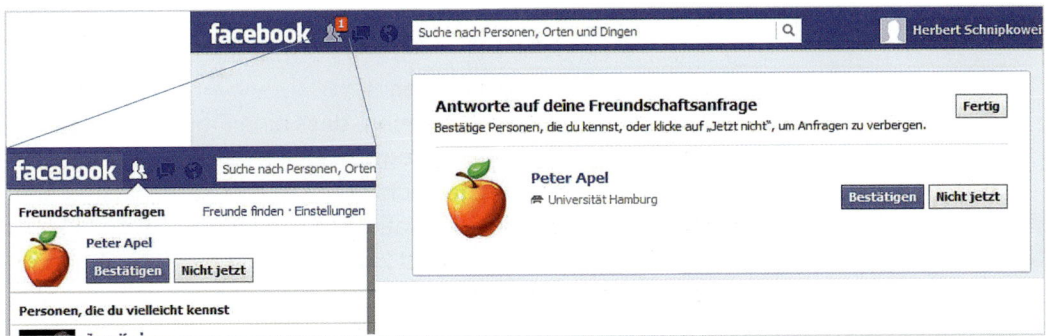

Eine Freundschaftsanfrage bestätigen

Herbert freut sich über diese Anfrage und bestätigt sie. Er hätte die Bestätigung auch gleich über die E-Mail durchführen können, er wäre dafür ebenfalls in denselben Anmelde-Dialog für Facebook gekommen.

Wir haben jetzt eben gesehen, wie eine Freundschaftsanfrage aus Sicht des Empfängers aussieht und wie man sie bestätigen kann. Das können Sie so mit Ihrem Konto nicht simulieren, aber nun wis-

sen Sie ja, wie es abläuft. Zurück zu unserem Beispiel-Konto, unsere Anfrage wurde eben bestätigt, was sehen wir nun?

Es sieht ähnlich aus, wie bei Herbert. Auch wir sehen eine rote „1", diesmal über der Weltkugel. Wenn wir darauf klicken, verschwindet diese „1" und wir lesen, dass Herbert unsere Anfrage bestätigt hat (hätten wir drei solche Informationen erhalten, dann hätte da eine rote „3" gestanden).

Wir haben übrigens auch noch eine E-Mail erhalten, in der wir erfahren, dass Herbert unsere Freundschaftsanfrage bestätigt hat. Kein Zweifel also: Wir sind jetzt mit Herbert Schnipkoweit „Facebook-befreundet". Eine erste Freundschaft ist einen Glückwunsch wert!

Eine Freundschaftsanfrage ablehnen

Natürlich kann es auch geschehen, dass eine Freundschaftsanfrage nicht bestätigt wird. Eine Möglichkeit ist, dass der Gefragte ein-

fach gar nichts tut. Die andere ist, dass er statt auf „Bestätigen" auf „Nicht jetzt" klickt. „Nicht jetzt" ist eine nette Umschreibung. Eigentlich steht ein solcher Klick eher für „Auf keinen Fall". Der Gefragte sieht nämlich diese Nachricht, wenn er auf „Nicht jetzt" klickt.

Der Anfragende bekommt also (wenn man das nicht rückgängig macht) gar keine erneute Gelegenheit, sein Glück noch einmal aktiv zu versuchen. Wenn er die angefragte Person aufruft, erfährt er lapidar „Freundschaftsanfrage versendet". Für eine erneute Anfrage ist kein „Knopf" da.

Er wird also nie erfahren, ob schlichte Nachlässigkeit oder aktive Ablehnung aufseiten des Angefragten zu diesem Dauerzustand „Anfrage versendet" geführt hat. Allerdings (kleiner Trost): Sollte der Angefragte die Anfrage deshalb übersehen haben, weil er sich seitdem gar nicht mehr in Facebook angemeldet hat, dann wird er per E-Mail an die wartende Anfrage mehrfach erinnert.

Herbert ist ja auch kein „echter" Freund. Viel wichtiger ist es, dass Sie jetzt erste Kontakte zu Menschen in Ihrem Umfeld aufnehmen, aus der Familie, zu Kollegen, Nachbarn, Freunden, Vereinskameraden. Wenn Sie jede Woche fünf Einladungen verschicken, haben Sie nach einem halben Jahr recht sicher 50 bestätigte Freundschaften.

Aber weniger tun's auch! Ihr soziales Netz wird ganz automatisch schrittweise wachsen. Lassen Sie sich auf keinen Fall auf diese kindischen Vergleiche „Wer hat mehr Freunde in Facebook?" ein. Interessante Freunde zu haben, solche, mit denen der Austausch Freude macht – das ist die Kunst.

Auch Facebook-Freundschaften können zu Ende gehen

Sie haben mehr als eine Möglichkeit, zu einem einstigen Freund auf Distanz zu gehen. Sie können diesen „Ex" zum Beispiel auf eine Liste setzen, die diese Person von Ihrer weiteren Kommunikation fast umfassend ausschließt. Aber Sie können ihn natürlich auch knallhart „ent-freunden". So gehen Sie dazu vor:

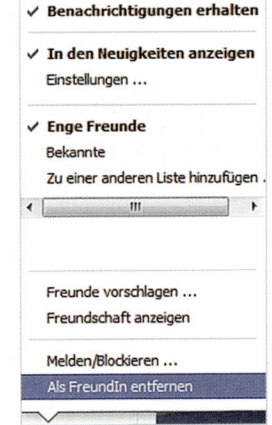

- Auf „Startseite" klicken.
- Links „Freunde finden" wählen.
- Oben „Alle Freunde anzeigen" klicken.
- Neben dem „Sünder" auf „Freunde" klicken, und es öffnet sich ein Fenster.
- Wählen Sie unten „Als FreundIn entfernen" – und das zarte Band ist getrennt.

Facebook braucht einen Moment, um die Information zu verarbeiten, aber spätestens beim nächsten Anmelden ist die „Scheidung" amtlich: Die Person ist nicht mehr auf der Freundesliste.

MIT FREUNDEN KOMMUNIZIEREN

Facebook bietet Ihnen mehrere Möglichkeiten, sich mit Ihren Freunden auszutauschen und zu unterhalten.

Hier wollen wir uns zunächst auf die erste Möglichkeit konzentrieren, die Statusmeldung, die auch einfach „Beitrag" oder „Post" (<poust>) genannt wird. Statusmeldungen sind die üblichste Austauschform in Facebook und Ausgangspunkt vieler weiterer Möglichkeiten. Nach einem Bericht von T-Online werden täglich rund 2,5 Milliarden Statusmeldungen abgesetzt (Stand 2012).

Um eine Statusmeldung abzugeben, klicken Sie bitte auf „Neuigkeiten" am linken Rand.

Textmeldung

In das große mittlere Feld schreiben Sie Ihre „Meldung". Versuchen Sie es mal mit etwas ganz Einfachem, wie zum Beispiel: „Hallo, ich bin hier noch neu und freue mich auf alte und neue Freun-

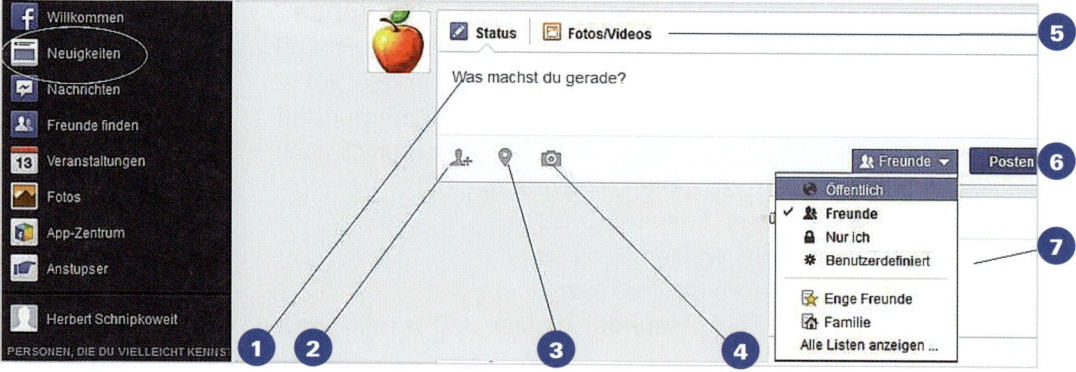

1 Hier wird die eigentliche Meldung eingetragen. **2** Hier können Personen hinzugefügt werden, die damit irgendwas zu tun haben. **3** Hier kann ein Ort angegeben werden, an dem das stattfand. **4** und **5** Hier können Fotos und Videos hinzugefügt werden. **6** Dieser Knopf veröffentlicht alles, wenn wir fertig sind. **7** Hier wird ausgewählt, wer das alles sehen darf. Vormarkiert ist, was wir in unseren Einstellungen festgelegt haben.

de!" oder „Ich wünsche allen einen schönen Mittwoch!". Gerade
solche recht unverbindlichen Meldungen können schon erste er-
freuliche Antworten („gefällt mir" oder Kommentare) auslösen.

UNTERHALTUNGSVARIANTEN				
Unterhaltungsart	Mögliche Inhalte	Mögliche Empfänger	Voraussetzung	Bemerkung
Statusmeldung, Beitrag oder „Post"	Text, Bilder, Videos, Ortspositionen, Links, Audionachrichten	Alle bei Facebook, Freunde von Freunden, nur Freunde, enge Freunde, Familienmitglieder, Listenmitglieder, handverlesene Einzelne. Einzelpersonen können auch „deselektiert", also als Empfänger ausgeschlossen werden.	Empfänger sind Mitglieder bei Facebook.	Die übliche Kommunikationsform bei Facebook
Kommentar zu einer Statusmeldung	Text und Link	Alle Empfänger des ursprünglichen Beitrags	Es muss bereits ein Beitrag, eine Statusmeldung vorhanden sein.	So entsteht oft ein Dialog in Facebook: Einer schreibt einen Beitrag, ein anderer kommentiert, ein Dritter kommentiert den Kommentar …
Direkte Nachricht, E-Mail	Text, Datei, Foto, Link	Nur der ausgewählte Empfänger bzw. eine Liste von Empfängern	Empfänger von direkten Nachrichten müssen NICHT Facebook-Mitglieder sein.	E-Mail-Programm in Facebook. Es kann theoretisch als Mail-Programm genutzt werden.
Chat (<tschädd>)	Text und Link	Nur der ausgewählte Facebook-Nutzer	Empfänger sind als Facebook-Nutzer angemeldet, wenn man sendet.	Wird auch „direct messaging" (<dai­rekt messädsching>) genannt

Person hinzufügen

Mit der Silhouette mit +-Zeichen können Sie Personen hinzufügen. Sie waren zum Beispiel mit einem Freund bei einem Fußballspiel und der ist auch in Facebook und hat auch nichts dagegen, dass Sie ihn nennen: Klicken Sie auf die Silhouette. Es erscheint eine zusätzliche Zeile („Wer begleitet dich?"), und schon mit dem ersten eingegebenen Buchstaben erhalten Sie Vorschläge. In unserem Beispiel haben wir nur Herbert als Freund – also wird der vorgeschlagen. Klicken Sie nochmals auf die Silhouette, und das Eingabefeld verschwindet wieder.

Ort hinzufügen

Mit der kleinen Positionsnadel geben Sie den Ort an, an dem Sie sich befinden. Nach einem Klick darauf erscheint die zusätzliche Zeile „Wo bist du?". Facebook macht auch gleich Vorschläge und orientiert sich dabei entweder an Ihrer IP-Adresse (wenn Sie einen PC oder ein Tablet verwenden und über ein Netzwerk verbunden sind) oder an Ihrer „Geo-Position", wenn Sie ein Gerät benutzen, das über Mobilfunk verbunden ist und bei dem Sie eingestellt haben, dass Facebook Ihren Ort verwenden darf.

Die IP-Adresse ist recht ungenau für die Standortbestimmung (in Bad Homburg wurde zum Beispiel Frankfurt Zentrum vorgeschlagen), die Geoposition hingegen recht präzise.

Sie können einen von den Vorschlägen verwenden – oder selbst etwas eintragen. Mit einem erneuten Klick auf die Positionierungsnadel verschwindet die Eingabezeile für den Ort wieder.

Foto hinzufügen

Klicken Sie nun bitte auf das Kamerasymbol. Es öffnet sich der Dateimanager für Ihren Computer. Dort können Sie ein Bild auswählen, wenn es im Grafikformat jpg, png oder gif vorliegt. Wir haben hier einmal den Leuchtturm aus den Beispielbildern genommen.

Mit Klick auf „Öffnen" schließt sich der Dateimanager, und wir kehren zurück zu Facebook. Das Hochladen dauert jetzt ein paar Sekunden, das zeigt der blaue Fortschrittsbalken. Das gerasterte, blasse Quadrat zeigt, wie groß Ihr Bild dargestellt wird. Und im Textfeld werden Sie nun gebeten, etwas zum Bild zu erzählen.

Wie viele Bilder darf man hochladen? Unbegrenzt! Facebook betreibt bereits den größten Massenspeicher weltweit. Seit man Bilder hochladen kann (2005), sind über 260 Milliarden Bilder in den Facebook-Servern gelandet – und nur gut 10 Prozent davon wurden zwischenzeitlich wieder gelöscht.

INFO Gesichtserkennung

2010 hat Facebook die Gesichtserkennung eingeführt – und Anfang 2013 für Europa wieder deaktiviert. Das Programm vermittelte einen interessanten Eindruck, was heute

schon „erkennungsmäßig" möglich ist. Denn die Vorschläge, die da zu Personen auf Schnappschüssen erzeugt wurden, waren zum Teil durchaus plausibel bis richtig. Das ist
sicher gut für die Videoüberwachung auf Bahnhöfen etc.,
aber schlecht für den Erhalt der Privatsphäre unter Freunden.

Deutsche Datenschützer sind dagegen mit gerichtlichen
Anordnungen vorgegangen, und Facebook hat nachgege-
ben – jedenfalls für Europa. (Also weiterhin Vorsicht in
„Übersee", insbesondere in den USA.) Nach allem, was
man weiß (Stand Sommer 2013), wurden sämtliche biome-
trischen Profildaten (Augenabstand, Haarfarbe, Nasenlänge
etc.) gelöscht. Eine automatische Gesichtserkennung durch
Facebook findet also nach aktuellem Wissensstand in
Deutschland nicht mehr statt.

Weitere Foto- und Videomöglichkeiten

Über dem Feld für die Texteingabe steht „Fotos / Videos", auch das
probieren wir natürlich aus!

Mit einem Klick gelangen Sie wieder in Ihren Dateimanager, genau
wie bei dem Kamerasymbol. Und genauso können Sie hier wieder
Fotos hochladen (auch mehrere zusammen) oder eben Video-
clips. Das obere Limit für die Größe eines Clips liegt bei 100 MB
und einer Laufzeit von zehn Minuten. Je größer Ihr Bildmaterial ist,
desto länger dauert naturgemäß das Hochladen. Facebook unter-
stützt sehr viele Videoformate, empfiehlt aber als beste Lösung
„mp4".

Eine schöne Fotooption ist hier noch, dass Sie auch ein Fotoalbum
erstellen können. Dazu wählen Sie die entsprechende Option und
markieren dann im Dateimanager mehrere Fotos zusammen.
Wenn Sie alle Fotos zum Hochladen markiert haben („Strg"-Taste
gedrückt halten beim Anklicken), klicken Sie auf „Öffnen".

Während Ihre Bilder hochgeladen werden, können Sie Ihrem Album einen Namen geben und es näher beschreiben.

Noch eine Bemerkung zu Fotoalben: Angenommen, Sie haben ein schönes Album (oder Einzelfoto) erstellt, aber eine der Personen, die es gerne sehen würde (und auch sehen darf), ist nicht bei Facebook – warum auch immer. Dann gehen Sie so vor:

- Am linken Rand im Hauptmenü sehen Sie „Fotos", klicken Sie darauf.
- Wählen Sie halb links oben „Alben" (rechts neben „Fotos").
- Wählen Sie das Album, das Sie dem „Externen" zeigen wollen.
- Klicken Sie auf das Zahnrad oben halb rechts.
- Wählen Sie „Link erstellen".
- Kopieren Sie die kleine, recht lange Internetadresse, die mit „https://" beginnt, in dem kleinen Fenster: Die ganze Adresse markieren, mit der Maus rechts-klicken und „Kopieren" wählen.

Jeder, dem Sie diese Internetadresse schicken, kann darüber das Album frei aufrufen, ohne irgendein Login. (Für Einzelfotos funktioniert das entsprechend!)

Empfänger festlegen

Vielleicht das Wichtigste bei der Statusmeldung zum Schluss: Wer darf das denn überhaupt sehen, was Sie gerade schreiben und hochladen? Unten rechts im Meldungsfenster ist die Silhouette der Personengruppe, daneben steht „Freunde". Klicken Sie bitte hier, es öffnet sich dieses Fenster.

Einige Möglichkeiten muss man nicht weiter erklären („Freunde", „Nur ich"). „Öffentlich" bedeutet, dass es jeder sehen kann, der will. Zum Beispiel andere Menschen, die eine Person mit Ihrem Namen suchen. Sie können so leichter erkennen, ob Sie der Gesuchte sind. Aber ebenso lesen das auch Suchmaschinen und andere Analysewerkzeuge, die Tag und Nacht ohne Pause in Facebook aktiv sind.

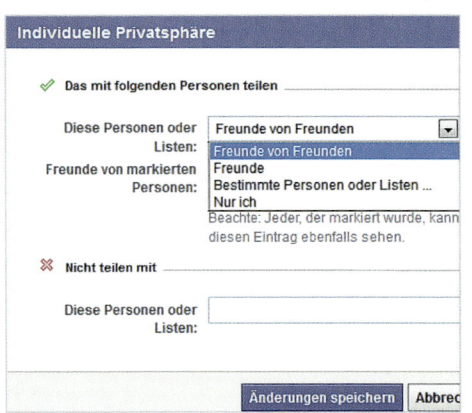

„Benutzerdefiniert" schauen wir uns nun genauer an. Es öffnet sich ein neues kleines Fenster. In der oberen Auswahlbox ist ein besonderer Eintrag: „Freunde von Freunden". Das ist eine sehr wichtige Option, auf der viele Facebook-Empfehlungen und -Vorschläge beruhen, die Sie in Zukunft erhalten werden.

Mit der Auswahl „Freunde von Freunden" schaffen wir uns eine deutlich größere mögliche Leserschaft, ohne dabei völlig unkontrolliert „öffentlich auf dem Marktplatz" zu stehen. Diese Auswahl ist zwar keine Garantie dafür, dass da nicht auch „Trolle" und andere Wirrköpfe dabei sind, aber deutlich unwahrscheinlicher ist es schon. Zudem sind Suchmaschinen & Co. weiterhin ausgeschlossen. Aus unserer Sicht können Sie es riskieren, diese Veröffentlichungsoption für Ihre erste Statusmeldung zu wählen. Denn als Eremit wollen Sie ja nicht in Facebook herumwandern – sonst hätten Sie sich wohl kaum für ein soziales Netzwerk entschieden.

In dem kleinen Untermenü sehen wir noch weiter unten, dass wir hier auch Freunde „abwählen", also von der Kommunikation ausschließen können. Das geht entweder einzeln oder „listenweise".

INFO **Viralität bei Facebook**

Ein Virus hat eigentlich keiner gern. Aber in der Social-Media-Welt ist Viralität etwas Gutes, ein hoher Wert. Wörtlich ist damit gemeint, wie „ansteckend" ein Beitrag ist. Ansteckende Beiträge gehen rum, ansteckende Beiträge werden von vielen gelesen, ansteckende Beiträge haben großes Publikum.

Einer schreibt etwas, 20 Freunde lesen es, die Hälfte „teilt" es mit ihren Freunden (das heißt leitet es weiter), von denen wieder… Man kann sich schnell die Lawine vorstellen, die so ausgelöst wird.

Laut dem IT-Unternehmen t3n hat jedes Facebook-Mitglied im Durchschnitt 342 Freunde. Demnach hat auch jedes Mitglied über 100 000 Freunde von Freunden (342 x 342) – wohlgemerkt: im Durchschnitt! Facebook hat also ein erhebliches Viralitäts-Potenzial.

Wir haben hier noch nichts über Listen gesagt, aber Sie können sich sicher vorstellen, dass man Personengruppen entsprechend zusammenfassen kann (Familie, Arbeitskollegen, Angelfreunde, Kegelschwestern etc.). So, wie man für seine Veröffentlichung einzelne Personen und genauso solche Listen auswählen kann, so kann man sie eben auch ausschließen.

Wir speichern unsere Empfängerauswahl jetzt mit „Änderungen speichern", Facebook kehrt zur Eingabemaske für die Statusmeldung zurück. Da, wo eben noch die Doppel-Silhouette zu sehen war (Symbol für Empfänger = „Freunde"), ist jetzt ein Zahnrad, daneben steht „Benutzerdefiniert". Gehen wir mit der Maus darüber, erscheint „Freunde von Freunden". So hatten wir es eingestellt.

Wir sind jetzt am Ende unseres Weges zur ersten Statusmeldung. Klicken Sie bitte noch auf „Posten" (<pousten>) – und diese Statusmeldung ist abgeschickt. Wenn es wirklich Ihre erste war: herzlichen Glückwunsch!

FAN WERDEN

In diesem Buch stellen wir vor, wie man sich als normale Privatperson in Facebook bewegt. In Facebook gibt es rund 1,1 Milliarden Privatpersonen. Jede von ihnen hat ihre eigene private Seite, genauso, wie Sie jetzt auch Ihre Facebook-Seite haben.

Aber es gibt noch andere Seiten in Facebook, sogenannte Fanseiten. Solche Fanseiten gehören Berühmtheiten wie Justin Bieber oder Angela Merkel. Oder sie gehören Marken wie Coca-Cola oder BMW oder Firmen wie Adidas und Amazon oder Institutionen wie Greenpeace International, Katholische Kirche und National Rifle Association. Die Topfanseiten in Deutschland können Sie bei www.socialbench.de/facebook-ranking entdecken.

Fanseiten erkennen

Es gibt eine ganz einfache Methode, eine Fanseite zu erkennen: Versuchen Sie, die Person (oder Marke oder Firma) als FreundIn hinzuzufügen. Wenn das nicht geht – dann ist es eine Fanseite. Am Beispiel von „Dustin Hoffman(n)" schauen wir uns das einmal an.

Dustin Hoffmann scheint ein sportlicher junger Mann zu sein, den wir als FreundIn hinzufügen können. Den Schauspieler Dustin Hofman können wir nur mit Daumen hoch, also mit „Gefällt mir" an uns binden.

Und es gibt noch einen großen Unterschied zu privaten Seiten: Fanbeziehungen werden nicht bestätigt, sie sind sofort gültig oder aktiv. Es ist eben keine Freundschaft, die irgendwie auf Gegenseitigkeit beruht, es ist „nur" eine Fanverbundenheit, die Bezeichnung „Fan" ist da also ganz anschaulich.

Dustin Hofman muss nicht, wird nicht und kann auch gar nicht Ihr „Gefällt mir" bestätigen – wenn Sie es klicken. Denn Sie haben ja gar keine Fanseite, auf der er sich revanchieren könnte.

Warum Fan werden?

Es gibt drei große Gründe, warum Sie auf einer Fanseite auf den „Gefällt mir"-Knopf klicken:

Grund 1: Sie wollen Ihre Verbundenheit mit der Person, Marke, Firma oder Organisation ausdrücken, damit andere das sehen und so auch Sie sehen. Das zeichnet Ihr Profil klarer, andere können sich besser ein Bild von Ihnen machen. Frei nach Goethe: Sage mir, von wem du Fan bist, und ich sage dir, wer du bist.

Grund 2: Sie wollen die Fanseite beziehungsweise ihren Träger unterstützen. Viele Fans zu haben, ist eine Ehre und auch ein wirtschaftlicher Nutzen. Nach einer aktuellen Studie von Syncapse (Marktforschungsfirma aus den USA) ist ein Fan einer berühmten Marke in den USA im Durchschnitt 150 Euro wert. Durch Ihr Klick „schenken" Sie der Seite diesen Wert (vielleicht nicht gleich 150 Euro, aber ein Wert ist es ohne Zweifel).

Grund 3: Sie bekommen etwas dafür. Das klingt nach Raffzahn, ist aber ganz harmlos: Denn mit Ihrem „Gefällt mir" haben Sie sozusagen Ihr „Facebook-Radio" auf den Sender dieser Fanseite gestellt. Alles, was diese Fanseite jetzt rausposaunt, werden Sie unter „Neuigkeiten" (am linken Rand auf dem Facebook-Bildschirm) auf Ihrer Seite angezeigt bekommen. Warum auch nicht? Sie wollen schließlich immer informiert sein über die neuen Modelle Ihrer Lieblingsmarke, die neuen Songs Ihrer Lieblingsbands, die neuen Filme Ihres Lieblingsschauspielers etc. etc.

Die Leistungen der Fanseiten können auch weitergehen: Sonderangebote nur für Fans, das Recht, an einer Werbeaktion teilzunehmen, Zugang zu einem Spiel, Zugang zu einer anderen Anwendung – Betreiber von Fanseiten sind sehr kreativ. Denn alle sind sie hinter neuen Fans her wie der Beelzebub hinter der armen Seele.

Aber warum sind die Unternehmen so Fan-gierig?

Gegenfrage: Warum sind Werbespots während eines Champions-League-Fußballspiels teurer als bei einem Spiel der zweiten Bundesliga? Weil das eine deutlich mehr Zuschauer hat. Die Werbebotschaft erreicht mehr Ohren und Augen. Bei Facebook ist es genau das Gleiche. Denn natürlich sind es auch hier in irgendeiner Form Werbebotschaften, die „gesendet" werden. Nicht nur Coca-Cola, auch Greenpeace und die Katholische Kirche machen ihre Form von Marketing. Je mehr Menschen zuhören, desto besser. Aber es geht nicht nur um irgendwie „zuhören": Es ist längst analysiert und bewiesen, dass meine Bereitschaft, eine Marke auch zu kaufen, deutlich höher ist, wenn ich mich dieser Marke schon selbst einmal freundlich-positiv zugewendet habe (mit einem „Gefällt mir"). Sie ist deutlich höher als etwa bei einem Werbespot, den ich völlig ungefragt nur mit einem Ohr in der Halbzeitpause so nebenbei höre.

Meine Fanseite durchschaut mich

Alles, was Sie in Facebook von sich geben (Vorlieben, Orte, Musikrichtungen, Alter und Geschlecht etc. etc.) – mit dem Status „öffentlich" ist es auch für die Fanseite sichtbar. Auch alle Beiträge von Ihnen, alle „Gefällt mir"-Klicks und alle Kommentare, alle öffentlichen Freundschaften und Gruppen, in denen Sie Mitglied sind. Selbst Telefonnummern, E-Mail-Adressen und eigene Webseiten – wenn Sie die Sichtbarkeit auf „öffentlich" gestellt haben, dann sieht das auch die Fanseite.

Man kann sagen: Ja natürlich, es ist ja öffentlich, da ist klar, dass das jeder sehen kann. Stimmt genau. Werden Sie also gläsern in Bezug auf all diese Informationen? Ja und nein – Tendenz „nein". Begründung: Einzelinformationen zu Einzelpersonen sind etwas anderes als große, elektronisch auswertbare Dateien mit statistischen Daten von sehr vielen Menschen. Beim Thema „Datenschutz" macht dieser Punkt oft den entscheidenden Unterschied. Im Sinne einer „individuellen Rasterfahndung" werden Sie ziemlich sicher nicht durchleuchtet. So ganz ohne Informationen lässt Facebook seine Fanseiten-Betreiber jedoch nicht „verhungern" – im Gegenteil! Eigentlich sind sie ja sogar die Kunden von Facebook.

Da sind zum einen Statistiken

Wer eine Fanseite betreibt, erhält statistische Informationen zu den Stammdaten der Fans, zu Alter, Geschlecht und Standort. Rechts sehen Sie eine Statistik einer Fanseite mit gut 1 000 Fans.

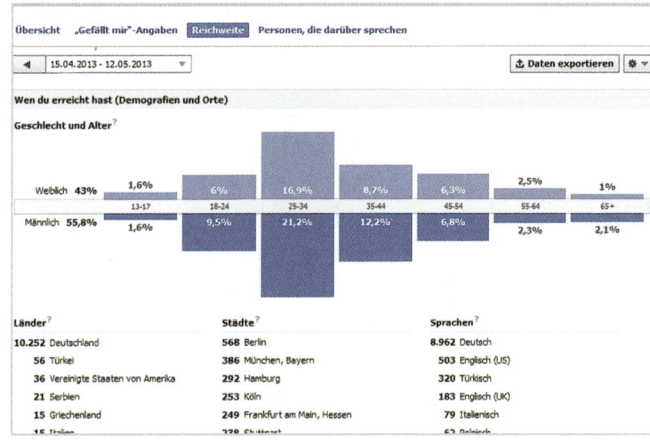

So etwas ist interessant für weitere Analysen, exportieren kann man die Daten auch – aber an keiner Stelle wird hier von einzelnen Fans gesprochen, die sieht man in all diesen Auswertungen nicht. Als anonymer Fan ist man hier also irgendwo dabei – aber mehr auch nicht.

Dann gibt es diverse Buchungsmöglichkeiten für Werbetreibende

Als Fanseiten-Betreiber kann ich einzelne Beiträge auf meiner Seite gegen Bezahlung „bewerben" und dabei die Zielgruppe eingrenzen, nach Alter, Geschlecht, Wohnort, aber auch etwa nach Interessengebiet (zum Beispiel „Mode" oder „Gesundheit"). Diese Interessengebiete leitet Facebook aus den „Gefällt mir"- Klicks für Fanseiten ab. Der Werbekunde bekommt also zwar den „Selektions-Algorithmus" selbst hierfür nicht zu sehen, der bleibt im Tresor von Facebook eingeschlossen. Aber er darf ihn nutzen.

Ähnlich verhält es sich mit den kleinen Anzeigen am rechten Rand. Auch hier kann der, der sie „bucht", bestimmen, welcher Zielgruppe sie gezeigt werden sollen.

Die Liste der Steuerungsmöglichkeiten für Werbetreibende ist lang – aber eine personalisierte Ansprache wurde dabei (bis jetzt!) stets ausgeschlossen.

Und natürlich ist ständig irgendwas Neues in Planung

Aktuell testet Facebook, ob auf diesem rein statistischen Niveau auch die „Gefällt mir"-Klicks für konkrete andere Fanseiten ausgewertet werden sollen. Beispiel: Welche Musik hören die Fans von Coca-Cola besonders gern? Die Antwort wäre für den Getränkehersteller eine große Hilfe – etwa bei der nächsten Werbespot-Produktion.

Diese konkrete Option in Prüfung wurde übrigens von Facebook mit großem Sicherheitstamtam begleitet: Man will auf keinen Fall in den Ruf kommen, persönliche Daten der Mitglieder an die Fanseiten zu verkaufen.

Sollten Sie deshalb nirgendwo Fan werden? Aus unserer Sicht besteht dazu kein Grund. Viele Menschen finden es sogar recht angenehm, dass sie eher solche Beiträge und kleine Werbeanzeigen lesen, die grob in ihre Interessenwelt passen. Besser jedenfalls, als wenn da ständig nur völlig uninteressante Dinge stünden.

INFO Fazit zur Öffentlichmachung

Sie sind formal „gläsern" für jeden mit allem, was Sie öffentlich zeigen.

Sie sind praktisch weitgehend sicher vor individueller Rasterfahndung durch die Fanseite. Um Sie als Einzelperson wird es absehbar nicht gehen.

Sie sind praktisch gefangen als Mitglied irgendeiner „Zielgruppe" in einem engen Selektionsnetz. Das Netz wird immer feiner, je mehr Fanseiten Sie zu Ihrer machen.

Fanseite, wo bist du?

Fanseiten sucht man so, wie man auch Privatpersonen sucht: oben in der Kopfzeile.

f Suche nach Personen, Orten und Dingen   🔍

Sie sollten hier ein wenig rumprobieren und einige Dinge einfach drauflossuchen. Facebook ist groß, zu einem leidlich bekannten Begriff dürfte immer etwas zu finden sein.

Und es spricht nichts dagegen, dort, wo Sie sich verbunden fühlen (ein Ort, ein Theaterstück, ein Buch, eine Person, eine Marke, ein Lied, ein Film, eine Organisation), auf den „Gefällt mir"-Knopf zu drücken und so erste Fanbeziehungen herzustellen.

Als Fan aktiv werden

Ist es mit dem „Gefällt mir"-Klick getan oder hat man als Fan weitere Möglichkeiten? Man hat durchaus.

Beispiel 1: Wir suchen nach dem aktuellen Bundespräsidenten und finden vier Fanseiten. Die oberste wurde automatisch von Wikipedia generiert. Diese Webseite erstellt selbst Fanseiten, wenn eine entsprechend große Suchnachfrage nach diesem Namen verzeichnet wird. Auf dieser Seite können wir nicht sehr viel „machen":

■ „Gefällt mir" klicken. Damit ist die Fanbeziehung hergestellt.

■ „Bearbeiten". Wir können hier eine andere Berufsbezeichnung eintragen. Aber „Staatsoberhaupt" oder „Präsident" gibt es nicht zur Auswahl, „Regierungsbeamter" ist vermutlich das Passendste. Und wir können unten eintragen, ob Joachim Gauck selbst eine Fanseite hat, nicht von Wikipedia oder anderen, sondern von ihm selbst, eine offizielle. Das hat er nicht, auch das Feld lassen wir leer.

■ Unter den Symbolen für Einstellungen öffnet sich ein Menü, das eigentlich auch „Alles, was wir sonst nirgendwo unterbringen konnten" heißen könnte.

■ Denn die Auswahlmöglichkeiten passen eigentlich überhaupt nicht zusammen. Mit „Seite erstellen" kommt man in ein sehr umfangreiches Menü, um eine eigene Fanseite zu erstellen (hat hier eigentlich gar nichts zu suchen).

„Teilen" löst aus, dass diese Fanseite in unserer eigenen Chronik erscheint. Wir stellen die Seite unseren Freunden vor.

■ „Seite melden" ist wichtig: Sollten wir auf Fanseiten stoßen, die uns verdächtig erscheinen (Hassreden, gewaltverherrlichend, sexuell anstößig, zu Kriminalität oder Drogenkonsum auffordernd etc.), dann ist das der Moment, um auf diesen Punkt zu klicken. Auch Spam, Betrug oder Fehler können so „an Facebook" gemeldet werden. Klicken Sie ruhig einmal, es geht ein Auswahlmenü auf, in dem Sie den Grund für die Meldung konkretisieren können. Von einer echten Meldung aus Spaß raten wir Ihnen aber dringend ab! Das könnte auf Sie zurückfallen. Facebook lässt sich nicht gerne veräppeln. Die anderen zwei Punkte unten führen auf Standardtexte, die wir schon zu Beginn behandelt haben.

Es gibt keine Beiträge, die wir kommentieren oder teilen könnten. Und wir können auch keine erstellen. Das ist eine Art „Pflichtpräsenzseite" mit sehr spartanischen Interaktionsmöglichkeiten.

Beispiel 2: Auf der zweiten Fanseite bei unserer Personensuche ist das anders. Hier gibt es viele Beiträge, jeden können wir loben („Gefällt mir"), kommentieren oder auch teilen.

Sie sehen auch, welche Beiträge schon von anderen wie „behandelt" wurden. Die Kommentare kann man lesen, wenn man auf das kleine Symbol klickt.

Und wir können auch selbst einen Beitrag verfassen. Wir raten allerdings davon ab. Denn die Seite hat kein Impressum, wir können nicht erkennen, wer „dahintersteckt". Es wird wohl nicht gerade ein ausländischer Geheimdienst oder eine kriminelle Vereinigung sein – aber wer sich nicht zeigen will, wird seine Gründe haben. Wir verschieben jedenfalls den eigenen Beitrag auf das nächste Beispiel!

Ist Ihnen übrigens aufgefallen, dass Sie, um etwas zu posten, nicht Fan der Seite sein mussten?

Beispiel 3: Auf der Webseite www.socialbench.de/facebook-ran king/ findet man eine wöchentlich aktualisierte Rangreihe von deutschsprachigen Fanseiten. Mitte Mai 2013 war der Lachtrainer da auf Platz 1.

Hier werden wir jetzt einen Beitrag posten.

1 Über dieses Menü werden Fotos und Videos eingefügt. Erläuternder Text kann dabei auch erfasst werden. **2** Hier wird der Text für den Beitrag bzw. „Post" eingegeben, wenn kein Foto oder Video dazu soll. **3** Hier werden Personen hinzugefügt, die damit in Verbindung stehen (z.B. mit dabei waren) **4** Über dieses Menü werden Fotos und Videos eingefügt. Text kann auch erfasst werden. **5** Hier wird definiert, wer das sehen darf. Weltkugel bedeutet: „öffentlich". **6** Der abschließende Klick: Wenn hier gedrückt wird, wird der Beitrag veröffentlicht.

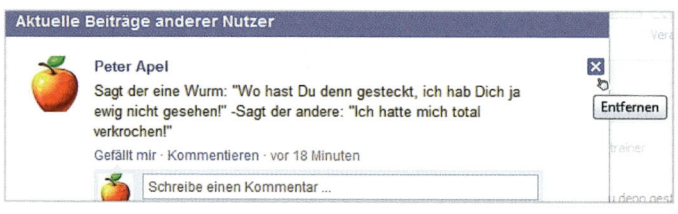

Und so sieht das Ergebnis dann wenige Minuten später aus:

Mit „Gefällt mir" wird der Beitrag gelobt, im Kommentarfeld kann man Text

hinterlassen, und klickt man auf das kleine Kreuz rechts oben, kann man als Autor den Beitrag auch wieder löschen.
Bei fremden Beiträgen gibt es das Kreuz zwar auch, aber dort dient es dazu, den Beitrag als Hassrede, sexistisch, gewaltverherrlichend oder als Spam zu melden.
Findet irgendjemand den Wurm-Kalauer komisch? Immerhin der Lachtrainer, Inhaber der Seite selbst. Ein paar Stunden später sehen wir darum dies:

Diese kleine rote Zahl da oben ist eine Benachrichtigung. Es gibt verschiedene Formen der Benachrichtigung, dies ist eine davon.
Uns begegnen sie zwar jetzt gerade im Zusammenhang mit Fanseiten, aber eigentlich ist das ein generelleres Thema. Lesen Sie im Infoblock unten, was es mit den roten Benachrichtigungen auf sich hat!

BENACHRICHTIGUNGEN

Gelegentlich stehen oben in der Symbolleiste kleine rote Zahlen, zum Beispiel schräg über der Weltkugel. Das sind Benachrichtigungen. Klicken wir auf die Weltkugel, dann verschwindet die rote Zahl und wir sehen eine Kurzbeschreibung, die eigentliche Nachricht beziehungsweise die Nachrichten.
Wenn Sie in Zukunft sehr aktiv sind, viele Freunde gewinnen, viele Beiträge schreiben, viele Reaktionen darauf auslösen und, und, und – dann werden Sie häufiger Benachrichtigungen erhalten. Freundschaftsanfragen zum Beispiel werden mit roten Zahlen über der Personen-Silhouette angezeigt. Neue direkte Nachrichten erkennen Sie an roten Zahlen über der Sprechblase.

Benachrichtigungen sind also ein Informationsservice von Facebook. Wir können ihn ein wenig an unsere eigenen Anforderungen anpassen.

In dem kleinen Menü, das sich mit unserem Klick geöffnet hat, klicken wir dazu auf „Einstellungen". Dadurch öffnet sich ein recht großes neues Fenster, ein weiteres Menü.

Wie so häufig in Facebook wären wir in dieses Menü auch auf anderem Wege gekommen: blaues Dreieck ganz rechts klicken, „Einstellungen" wählen und dann links „Benachrichtigungen" markieren. Viele Wege …

Was soll man hier einstellen? Nach einiger Zeit bekommen Sie vielleicht so viele Benachrichtigungen, dass Sie gar nicht mehr alle sehen wollen. Andere sind Ihnen vielleicht aber auch so wichtig, dass Ihnen eine Nachricht innerhalb von Facebook nicht genügt, Sie wollen darüber auch via SMS auf dem Handy informiert werden. Dazu müssen Sie natürlich Ihre Handynummer in Facebook erfassen. (Das ist aus unserer Sicht nicht wirklich kritisch, aber dringend erforderlich ist es wiederum auch nicht.)

In diesem Menü können Sie jedenfalls einstellen, welche Anlässe eine Benachrichtigung wert sind und auf welchem Gerät beziehungsweise in welcher Anwendung Sie sie erhalten wollen.

Die aktuellen Einstellungen erscheinen allerdings im Moment vernünftig und angemessen, wir lassen sie so. Und wenn Sie in ein paar Monaten die „Flut" gezielter organisieren wollen – hier ist der Ort, dies zu tun.

BILDER UND VIDEOS

Bilder und Videos sind für Facebook fast so wichtig wie die Mitglieder selbst. Täglich werden laut einem Bericht der Wirtschaftswoche 300 Millionen Bilder hochgeladen (Stand Ende 2012). Sicher wäre Facebook ohne die Möglichkeit, Bilder und Videos zu zeigen und auszutauschen, nicht so dramatisch gewachsen. Darum hat Facebook die Behandlung der Fotos und Filme auch sehr einfach gehalten – da soll nichts stören und behindern. In dieser Tabelle sehen Sie die möglichen Aktionen, die Sie mit Bildern und Videos durchführen können.

BILDER- UND VIDEOOPTIONEN			
	Einzelnes Foto	**Fotoalbum**	**Video**
Anschauen	Funktioniert in Facebook eigentlich automatisch und ohne besondere Maßnahmen. Mögliche Gründe bei Problemen: ■ Internetverbindung ist sehr langsam bzw. besteht gar nicht. ■ Gerät hat Defekt. ■ Sie wurden von dem „Bilder-Autor" für dieses Foto nicht zugelassen/gesperrt. Es ist für Sie „unsichtbar". (Mit „Bilder-Autor" bezeichnen wir hier die Person, die die Sichtbarkeit des Bildes festlegen darf.)	Funktioniert wie bei einem einzelnen Foto. Weitergeblättert wird mit den weißen kleinen Pfeilen am rechten und linken Rand. Mögliche Gründe bei Problemen: Wie bei einem einzelnen Foto. Die Sichtbarkeit wird bei einem Album immer für das ganze Album festgelegt (kann aber für Einzelfotos enger oder weiter eingestellt werden).	Auch Videos sollten „eigentlich" sofort und ohne weitere Einstellungen laufen. Aber sie sind anspruchsvoller, was die Verbindungsqualität angeht. Typische Gründe für Probleme sind: ■ Software „Flashplayer" von Adobe ist defekt oder veraltet: aktuelle Version installieren. ■ Internetbrowser ist defekt oder veraltet: aktuelle Version installieren. ■ Bandbreite der Internetverbindung ist zu niedrig: warten. ■ Film wurde für Sie vom Film-Autor gesperrt.

	Einzelnes Foto	Fotoalbum	Video
Runterladen (von Facebook auf Ihr Gerät)	Auf das Foto mit rechter Maustaste klicken, „Grafik kopieren" wählen und dort wieder einfügen, wo es hin soll (erneuter rechter Mausklick).	Muss man „eigentlich" Foto für Foto machen. Der Eigentümer des Facebook-Albums kann sich aber auch eine Kopie seiner gesamten Facebook-Daten herunterladen (in „Kontoeinstellungen"). Und für den Browser „Mozilla Firefox" gibt es dafür ein Zusatzprogramm, ein sogenanntes Add-on: „facepaste".	Wenn das Video nur über einen Link zu Youtube oder ähnlichen Plattformen verfügbar ist, muss man über diese Plattform gehen. Echte Facebook-Videos können mit einem Zusatzprogramm als MP4-Datei runtergeladen werden, wenn sie öffentlich sind. Das Zusatzprogramm findet man unter www.Facebookvideodown.com.
Hochladen (von Ihrem Gerät zu Facebook)	▪ Am linken Rand auf „Neuigkeiten" klicken. ▪ In Box für Statusmeldungen „Fotos/Videos" klicken. ▪ „Fotos/Videos hochladen" wählen. ▪ Foto im Dateimanager auswählen und „Öffnen" wählen. ▪ „Posten" klicken.	▪ Am linken Rand auf „Neuigkeiten" klicken. ▪ In Box für Statusmeldungen „Fotos / Videos" klicken. ▪ „Fotoalbum erstellen" wählen. ▪ Mehrere Fotos im Dateimanager auswählen und „öffnen" wählen. ▪ Album bezeichnen und beschreiben. ▪ Optional unten „Hohe Auflösung" wählen (für die guten Bilder). ▪ „Posten" klicken.	▪ Am linken Rand auf „Neuigkeiten" klicken. ▪ In Box für Statusmeldungen „Fotos/Videos" klicken. ▪ „Fotos/Videos hochladen" wählen. ▪ Video im Dateimanager auswählen und „Öffnen" wählen. ▪ „Posten" klicken.

Eigentlich ist also alles ganz einfach und funktioniert auch prima. Aber ein paar Besonderheiten gibt es doch.

Sichtbare und unsichtbare Bilder

Manche Bilder kann und will man vielen Menschen zeigen, manche nur einigen wenigen und manche vielleicht höchstens noch dem eigenen Partner. Facebook ermöglicht es uns, diese Sichtbarkeit recht detailliert festzulegen.

Welche meiner Bilder können Facebook-Mitglieder sehen – und welche nicht?

Wir wollen uns die Sichtbarkeitseinstellungen genauer anschauen, um zu wissen, wann und wie man sie festlegt. Dazu fangen wir „bei Adam und Eva" an – und laden erst einmal ein Bild hoch:

■ In Facebook oben links auf den eigenen Namen bzw. das eigene Bild klicken.

■ Im Feld für Statusmeldungen auf „Foto" klicken (rechts neben „Status").

■ Im Dateimanager ein Foto auswählen (wir haben hier ein Tulpenbild genommen) und auf „Öffnen" klicken.

■ So sieht dann das Ergebnis nach ein paar Sekunden Hochladezeit aus: Mit einem Klick auf das Zahnrad „Benutzerdefiniert" öffnet sich das kleine Fenster, in dem wir die voreingestellte Sichtbarkeit („Freunde von Freunden") für dieses Tulpenbild etwa auf „Öffentlich" (die Weltkugel) ändern können.

Wir nehmen jetzt mal an, das wäre eine ganz seltene Tulpenzüchtung, die noch niemand sehen darf, darum wählen wir „Nur ich" – und klicken auf „Posten".

Warum „fast unsichtbar"? Das Vorhängeschloss sagt uns: hier ist „Nur ich" markiert, andere Facebook-Mitglieder sehen dieses Bild nicht (außerdem wird noch eine Art Absperrungsrahmen rund um das Bild angezeigt).

Bei Fotoalben können Sie die Sichtbarkeit für das ganze Album festlegen, aber auch für die Einzelbilder darin. Die Fotos von Ihrem schönen Finnlandurlaub etwa darf eigentlich jeder sehen, aber die drei Saunabilder sind doch nur was für Ihre engen Freunde.

Vergessen Sie nicht: Wenn Sie jemandem den Facebook-Link zu einem Bild schicken, dann kann diese Person (und jeder andere, der diesen Link ebenfalls hat) dieses Bild im Internet aufrufen – egal, wie Sie die Sichtbarkeit eingestellt haben. Auch Bilder, die mit „Nur ich" markiert wurden, sind für den Besitzer so eines Links sichtbar.

Bilder jemandem zeigen, der nicht „in Facebook" ist

Sie können jedes Bild, das Sie in Facebook hochgeladen haben, jedem Menschen zeigen, der eine Internetverbindung hat – auch wenn er nicht bei Facebook ist (oder sich vielleicht gerade nicht einloggen kann).

Dazu müssen Sie nur die sogenannte URL, die Internetadresse des Fotos weitergeben. („URL" steht für „Uniform Ressource Locator", man spricht „URL" aber einfach so aus, wie man es schreibt.) Bilder, die Sie via URL weitergeben, sind für jeden, der diese Adresse hat, sichtbar, egal was Sie in Facebook einstellen! Also zum Beispiel auch unsere wertvollen Tulpen. Hier ist die URL für das Bild, mit der Sie sich jetzt unser streng geheimes Foto doch anschauen können: https://www.facebook.com/photo.php?fbid=

118590635012669&l=9bb18f34e9. Sieht ein bisschen unüber-
sichtlich und wild aus, aber URLs für einzelne Dateien müssen eindeutig identifizierbar sein.

Nun stellt sich vermutlich die Frage: Wie kommt man an diese Internetadresse, an diese URL, wenn man ein Foto hochgeladen
hat? Es ist ganz einfach:

■ In Facebook am linken Rand auf „Fotos" klicken.

■ Das Foto suchen und mit der Maus ohne Klick „drüberfahren".
Dann erscheinen oben rechts im Foto ein Stern und ein Bleistiftsymbol.

■ Auf das Bleistiftsymbol klicken.

■ Auf „Link erstellen" klicken.

■ Link (oder URL oder Internetadresse) vom ersten bis zum letzten Zeichen markieren und mit der rechten Maustaste kopieren.

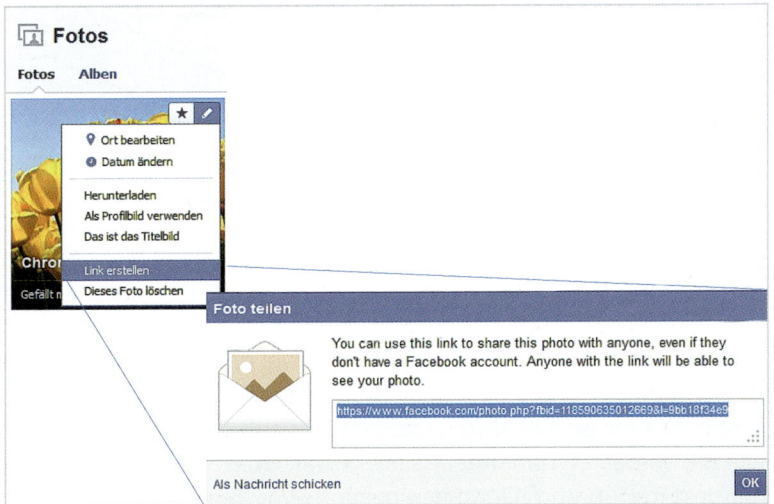

Statt die kopierte Adresse jetzt irgendwo wieder einzufügen (in eine E-Mail vermutlich), können Sie auch gleich vom letzten Fenster
aus eine E-Mail versenden. Sie klicken dazu einfach unten links auf
„Als Nachricht schicken".

1 Hier können Sie E-Mail-Adressen eingeben. Drücken Sie nach jeder Adresse die Return-Taste und geben Sie dann die nächste Adresse ein. Facebook macht zu Ihrer Eingabe Vorschläge. Das sind Personen, die so oder so ähnlich heißen. Die können Sie übernehmen, aber Sie müssen nicht. **2** Obwohl dieser Text sehr wichtig aussieht (es ist die URL des Fotos), können Sie ihn komplett löschen. Schreiben Sie stattdessen einen Gruß oder einen Hinweis, wie die Tulpen zu behandeln sind. **3** Das ist leider Unfug oder zumindest irreführend. Denn wie gesagt: Wer den Link/die URL hat, der sieht das Foto, egal, was in der Privatsphäre steht. **4** Ohne es richtig zu merken, sind wir in Facebooks E-Mail-Programm gelandet. Darum können wir auch neben Fotos noch ganz andere Dateien versenden. Wenn Sie hier klicken, geht Ihr Dateimanager auf, und Sie können irgendwelche Dateien für den Versand auswählen.

5 Natürlich können auch weitere Fotos aus der Facebook-Galerie versendet werden. **6** Hiermit schicken Sie Ihre Mail ab. Es kommt allerdings zuvor noch eine sogenannte Captcha-Prüfung. Hierzu lesen Sie bitte den Abschnitt unten „Was sind Captchas?".

Anscheinend bieten sich hier recht viele Möglichkeiten. Tatsächlich sind wir nämlich – ohne es recht zu merken – im E-Mail-Programm von Facebook gelandet. Das behandeln wir später ausführlicher. Aber Sie sehen hier schon, wie es im Prinzip aufgebaut ist.

Wenn Sie wirklich nur schnell dieses eine Foto versenden wollen, dann geben Sie oben die E-Mail-Adresse ein und klicken unten rechts auf „Senden". Durch das „Captcha-Verfahren" müssen Sie aber leider noch durch, wohl oder übel.

INFO   **Was sind Captchas?**

Facebook hat das Captcha-Verfahren für den E-Mail-Versand eingeführt, um zu verhindern, dass irgendwelche aggressiven Programme durch automatisierten, tausendfachen Mailversand großer Bilddateien die Facebook-Server lahmlegen.

Was hier von Ihnen verlangt wird, ist die Prüfung, ob Sie ein Mensch sind – und nicht eines der genannten bösen Programme. Die können nämlich diese kleinen, manchmal etwas nervigen Aufgaben nicht lösen! Das Prinzip ist also einfach: Wer das lösen kann, ist ein Mensch, wer nicht, ist ein böses Programm.

Es gibt einfache und schwierigere Captcha-Verfahren, das von Facebook ist eher schwierig. Viele Menschen können nicht immer alle Zeichenketten entziffern. Dann klicken Sie bitte auf „Versuche es mit einem anderen Text" – so lange, bis etwas Entzifferbares da steht.

Audio-Captcha wird einem akustisch vorgespielt (ist der Lautsprecher angeschaltet?) – ist aber oft auch nicht einfach zu verstehen.

Ein letzter Ausweg, wenn weder etwas Lesbares noch Hörbares dabei ist: „Du hast genug davon". Wählt man dies, muss man sein Konto bestätigen. Das funktioniert über die Handy-Nummer – und die haben wir eigentlich noch gar nicht in unserem Profil festgelegt (Aufgabe für später reserviert).

Angenommen, wir hätten doch: Dann müssten wir unsere Mobilfunknummer hier erneut eingeben und die E-Mail würde nun endlich versendet werden.

Je größer die Bilder, desto besser?

Früher war das ein schlechter Rat. Doch Facebook passt unsere Bilder neuerdings recht gut seinen Darstellungsmöglichkeiten an. Und generell hat man für Fotos mehr Raum vorgesehen.

Konkret bedeutet das, dass Facebook zu kleine Bilder vergrößert und zu große etwas staucht. Und das bedeutet, dass Ihr Bild besser etwas zu groß sein sollte. Dann wird es verkleinert erst recht scharf aussehen. Die Fotoregeln für den privaten Anwender sind darum ziemlich einfach:

■ Ihr Profilbild sollte quadratisch und größer als 180 x 180 Pixel sein.

■ Ihr Hintergrundbild oder Titelbild sollte ein Seitenverhältnis von ungefähr 8:3 haben (Breite : Höhe) und größer als 851 x 315 Pixel sein.

■ Alle anderen Bilder sollten größer als 550 x 440 Pixel sein.

■ Das Bild sollte nicht größer als 15 MB sein.

■ Die Bilder sollten im Format jpg, png oder gif vorliegen. Facebook verarbeitet an einigen Stellen auch tif- und bmp-Bilder, aber nicht überall.

Nur die ersten beiden Punkte erfordern wirklich Ihre Aufmerksamkeit. Die anderen beiden Bedingungen werden Ihre Fotos sehr wahrscheinlich sowieso erfüllen.

Wenn Ihre Bilder doch noch Bearbeitung erfordern, dann gibt es dafür zahlreiche günstige und aufwendigere Anwendungen. Und es gibt auch Webseiten, auf denen Sie diese Anpassungen vornehmen können. Hier sind zum Beispiel zwei Angebote:

- http://fotosverkleinern.de
- http://resizeyourimage.com (in englischer Sprache)

Das Gelernte anwenden

Ein Profilbild haben Sie schon hochgeladen, gleich zu Anfang, als Sie Ihr Profil eingerichtet haben (siehe Seite 40). Wir wiederholen das hier nicht.

Ein Hintergrundbild hochladen

Klicken Sie bitte auf Ihr Profilsymbol beziehungsweise auf Ihren Namen oben links. Ihr Profilbild steht oben vor einem grauen Verlauf. Am rechten Rand dieses großen grauen Querfelds steht „Titelbild hinzufügen". Da klicken Sie bitte drauf und wählen dann „Foto hochladen".

Und dann wählen Sie ein Foto aus Ihrem Bestand aus. Offensichtlich sollte es eher breit und schmal sein, das sieht man am grauen Feld und auch an den Abmessungen in der Tabelle: 831 x 315 Pixel. Landschaftsbilder sind recht geeignet. Sie sind einerseits zeitlos und andererseits relativ leicht zu beschneiden (es fehlen nicht plötzlich die Ohren oder Schuhe).

Sie wählen das Bild aus, klicken auf „Öffnen" und warten kurz, bis das Bild hochgeladen ist. Sie können es dann noch etwas hin und her schieben. Sie schließen das Ganze ab mit „Änderungen speichern", und das war's!

Glückwunsch, Titelbild erfolgreich hochgeladen! Und wenn es Ihnen nicht mehr gefällt, dann tauschen Sie es eben gegen ein anderes Bild aus. Das geht genauso einfach.

Für das Musterkonto, das wir hier als Beispiel meist zeigen, haben wir eine Hügelkette auf Tasmanien gewählt, die „Sleeping Beauty" genannt wird. Mit etwas Fantasie erkennen Sie eine liegende Frau im Profil.

Ein Beitragsbild hochladen

Für ein Beitragsbild ist die Einhaltung der Abmessungen weniger wichtig. Im Zweifel sollten die Bilder eher breit als hoch sein. Ihre Kamera wird schon nicht zu kleine Bilder liefern.

Der Ablauf ist Ihnen nun sicher nicht mehr fremd. Hier noch einmal ganz kurz, wie Sie ein Beitragsbild hinzufügen:

- Oben rechts auf „Startseite" klicken.
- Am linken Rand „Neuigkeiten" wählen.
- In der Mitte über „Was machst Du gerade" auf „Fotos/Videos" klicken.
- Links auf „Fotos/Videos hochladen" gehen.
- Foto im Dateimanager markieren und „Öffnen" klicken.
- Etwas warten, vielleicht noch Text eingeben und „Posten" drücken. Fertig!

Bilder kennzeichnen

Wir haben gerade gesehen, wie man Bilder hochlädt. Aber was, wenn dabei etwas schiefging, etwas vergessen wurde oder sonst etwas anderes mit diesem Bild anzustellen ist? Darum geht es in diesem Abschnitt.

Personen markieren

Wenn auf Fotos Personen gezeigt werden, dann kann man diese „markieren". Das bedeutet, dass man einem Gesicht einen Namen gibt. „Das ist doch Herbert dahinten!"

Hieran sind zwei Dinge recht interessant:

- Jeder, der das Bild sehen darf, darf darauf auch Personen markieren.
- Jede Person, die markiert wurde, darf das Bild sehen, egal wie die Sichtbarkeitseinstellungen sind.

■ Ob die Markierung „richtig" ist, ob das dahinten wirklich Herbert ist, können nur die Betrachter des Bildes entscheiden. Es können also auch unsinnige Markierungen vorgenommen werden, versehentlich wie absichtlich.

■ Facebook verwendet aktuell keine Gesichtserkennungs-Software. Das hat es gegeben, aber die Community war nicht begeistert, jedenfalls nicht in Europa.

Wir wollen jetzt ein Gruppenfoto von unserer Wanderung im Taunus am letzten Wochenende hochladen. Facebook erkennt sofort, dass hier Gesichter zu sehen sind und fordert uns auf, diesen doch Namen zuzuordnen.

Bei der Wanderung war Herbert dabei, er ist der junge Mann mit den etwas abstehenden Ohren ganz vorne. Wir markieren ihn mit dem Fadenkreuz und geben seinen Namen in dem kleinen Dialogfeld ein. Facebook hat Herbert nach den ersten Buchstaben schon gefunden und uns vorgeschlagen.

Die Frau rechts ist Inge Holzapfel-Schlumberger, auch ihren Namen geben wir ein, den findet Facebook allerdings nicht. Sie ist wohl nicht bei Facebook. Erfassen können wir ihren Namen trotzdem.

Nun stellen wir noch die Sichtbarkeit des Fotos ein. Das Menüfenster kennen wir schon, aber nun sind zwei Punkte besser verständlich:

■ Die kleine Check-Box. Wir wollen nicht, dass Herberts und Inges Freunde das Bild auch sehen und entfernen das Häkchen.

■ Der „Beachte"-Text darunter. Wir könnten also diverse Personen weiter unten ausschließen, sie dürfen das Bild dann nicht sehen. Herbert und Inge können wir aber nicht ausschließen. Das erscheint fair, schließlich haben wir sie markiert.

■ Mit „Fotos posten" veröffentlichen wir das Foto.

In unserer Chronik wird das Bild gezeigt und Herbert wird erwähnt. Inge wird hier nicht erwähnt, denn sie wurde nicht in Facebook gefunden.

Auch wenn hier schon Personen markiert wurden und das Bild schon veröffentlicht ist, wir können noch mehr Personen markieren. Dazu klicken wir wieder auf das Bild und wählen erneut „Foto markieren".

Das Bild wird auf schwarzem Hintergrund „freigestellt", die schon markierten Personen werden genannt (auch Inge!), und wir können jetzt behaupten, der Herr mit Schnauzer und Brille vorne links zu sein. Eigentlich wollen wir jetzt das Personen-Markierungsmenü verlassen: mit einem Klick auf das kleine Kreuz rechts oben. Aber bei dieser Gelegenheit könnten wir doch gleich …

Ort und Datum zu einem Bild hinzufügen

Sie klicken für den Ort in das entsprechende Feld und geben die ersten Buchstaben der „Location" ein – ziemlich sicher erhalten Sie schnell Vorschläge, bei denen der gesuchte Ort dabei ist. Meist ist gleich noch eine regionale Karte dabei, und ebenso erhalten Sie eine Information, wie viele Personen hier schon waren.

Beim Datum ist es noch einfacher. Wir nehmen jetzt einfach an, dass Sie das ohne weitere Anleitung selbst herauskriegen.

Warum uns ganz unten die Fanseite von Rangar Yogeshwar vorgeschlagen wird, können wir leider nicht sagen. Irgendein Algorith-
mus von Facebook hat eben ausgerechnet, dass unsere Profildaten zu seiner Fanseite passen.

Mit „Fertig bearbeitet" verlassen wir dieses Untermenü.
Wir haben jetzt viel erzählt, ein Foto hochgeladen, Per-
sonen markiert, einen Ort angegeben und ein Datum.
Soll das alles in unserer „Chronik", an unserer „Info-
Pinnwand" erscheinen?

Mit „In Chronik zugelassen" antworten wir auf die Frage
„ja". Andernfalls wird der Beitrag in unserer Chronik nicht gezeigt,
ausgeblendet. Er ist da, aber für andere nicht sichtbar. Wir entscheiden uns für die Transparenz und lassen den Beitrag in der
Chronik zu.

Personenmarkierung in Facebook: Was sieht der Markierte?

Sie erinnern sich daran, dass wir
im Abschnitt „Personen markieren" in einem Bild Herbert
Schnipkoweit markiert haben?
Darüber ist Herbert per E-Mail informiert worden.

Er kann sich also zeitnah anschauen, wo und von wem er
entdeckt wurde. Er kann darum
auch die Markierung korrigieren:

■ Er klickt auf „Foto anzeigen" in
der E-Mail und meldet sich bei
Facebook an.

■ Das Bild mit der Markierung, Ortsangabe etc. wird in seiner
Chronik gezeigt.

■ Er klickt auf das Bild, und es öffnet sich das bekannte Fenster.

■ Er klickt oben rechts auf den kleinen Pfeil nach unten und wählt
eine der Optionen.

Sie können sich sicher viele gute Einsatzmöglichkeiten für die Personenmarkierung vorstellen – und wohl auch einige missbräuchliche. Facebook versucht, mit den angebotenen Optionen den Missbrauch in engen Grenzen zu halten – ganz eliminiert wird er aber nicht. Und was Facebook selbst mit dem Bild der identifizierten Personen macht, werden wir wohl auch nie erfahren.

Bilder managen und editieren

Besondere Bild- und Videobearbeitungsfunktionen werden Sie in Facebook vergeblich suchen. Was das Programm hier bietet, ist sehr karg. Facebook geht davon aus, dass Sie mit anderen Programmen (Instagram, Picasa, Vine etc. etc.) die entsprechenden Optimierungen vorgenommen haben.

Neben den sparsamen Editier-Aktionen können Sie jedoch diverse „Bild-Management"-Aktivitäten starten.

Eine große Gruppe dieser Möglichkeiten erreichen Sie über das Foto selbst in Ihrer Fotosammlung. Gehen Sie dafür so vor:

■ Klicken Sie links auf „Fotos".

■ Wählen Sie in der Mitte unter „Fotos" die Rubrik „Fotos" aus (klingt komisch, ist aber so).

■ Klicken Sie auf das Foto mittig drauf. Es erscheint dann auf schwarzem Grund freigestellt.

Sowohl unten wie rechts finden sie jetzt viele Bearbeitungsmöglichkeiten. Sie werden aber schnell feststellen, dass hier oft hinter unterschiedlichen Namen die gleiche Funktion steckt.

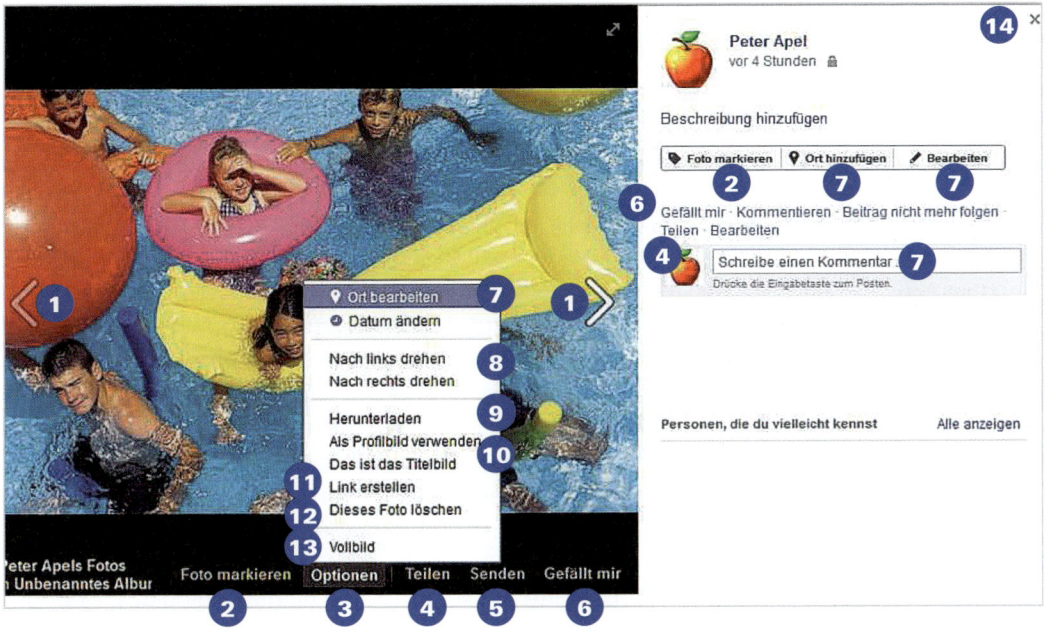

1 Zum vorigen/nächsten Bild wechseln **2** Personen im Foto markieren **3** siehe Einzeloptionen **4** Bild veröffentlichen (eigene Chronik oder die eines Freundes **5** Bild an ein Facebook-Mitglied schicken **6** Bild mit „Gefällt mir" markieren (erscheint in der eigenen Chronik) **7** Bildinformationen editieren (Ort, Datum, Beschreibung, Sichtbarkeit/Privatsphäre) **8** Bild um 90 Grad drehen **9** Bild auf die eigene Festplatte laden (liegt dann meist im Ordner „Download") **10** Bild als Profil- oder Titelbild verwenden. Das bis dahin aktuelle Bild wird dadurch ausgetauscht. **11** Den Link, die Internetadresse, die URL anzeigen, unter der das Bild gefunden werden kann (auch für Leute, die nicht in Facebook Mitglied sind) **12** Das Foto löschen. Nach dem Löschen können Sie nicht mehr darauf zugreifen. **13** In den Vollbild-Modus wechseln (mit „Esc" links oben auf der Tastatur kommt man zurück) **14** Dieses Menü verlassen

Die zweite Möglichkeit ist sehr klein und bezieht sich auf die Foto-veröffentlichung in Ihrer Chronik und was man da sieht.

In einem Bild der Chronik sehen Sie oben rechts einen Stern und einen Bleistift, wenn Sie den Mauszeiger über das Bild bewegen.

- Mit dem Stern heben Sie das Bild hervor. Das heißt es wird in Ihrer Chronik deutlich größer dargestellt als normal. Wenn Sie bereits die ganz neue Chronik sehen, dann geht der Beitrag jetzt über beide Spalten (normal wäre nur eine Spalte breit).

- Mit dem Bleistift öffnet sich ein neues Menü. Hier interessiert uns nur der Eintrag „Foto neu positionieren …".

- Es kann nämlich geschehen, dass wir in unserem Eifer die Größenanforderungen für Fotos nicht nur ein wenig, sondern ganz erheblich überschreiten. Sei es, dass das Bild einfach zu viele Pixel hat oder so ungewöhnliche Abmessungen (wie etwa hier das Foto eines Leuchtturms), dass es einfach nicht passt. Dann wählt Facebook einen Ausschnitt – und der ist nicht immer ideal.

- Zugegeben: Beide Ausschnitte sind nicht wirklich gut. Aber Sie können sich die Funktion jetzt vorstellen.

Bilder löschen

Auf Seite 88 sehen Sie in der Abbildung der Menüpunkte auch, wie man ein Foto löscht (letzter Eintrag „Foto löschen" in dem kleinen Menü). Wenn Sie es löschen, dann ist es weg.

Alternativ können Sie es auch nur aus Ihrer Chronik entfernen (in der Abbildung auf Seite 88 der Auswahlpunkt gleich darüber). Dann ist es als Foto in Ihrem Fotospeicher noch da, aber in Ihrer Chronik wird es nicht gezeigt und kann von anderen (im Prinzip) nicht gesehen und nicht geteilt werden.

Und was ist mit Fotoalben und Videos?

Man kann es wirklich ganz kurz sagen: Bei Alben und Videos ist eigentlich alles ganz genauso wie bei einzelnen Fotos. Eine Übersicht zu den elementaren Tätigkeiten finden Sie in der Tabelle Seite 73 bis 74.

Diese Punkte möchten wir jedoch noch einmal hervorheben.

■ Wie bei einzelnen Fotos vergessen Sie bitte nie, die Sichtbarkeit gleich beim Hochladen mit Umsicht festzulegen (und im Zweifel etwas „konservativ"). Bei Alben gilt diese Einstellung dann für alle Fotos des Albums (wenn nicht für das einzelne Foto etwas anderes festgelegt wurde), bei Videos für den ganzen Film.

■ Für das Hochladen von Fotos und Alben gibt es keine Volumen- oder Mengenbegrenzungen. Aber wenn Sie viele Fotos zeigen wollen (und nicht einfach nur ablegen), beachten Sie die Formatempfehlungen für die einzelnen Bildtypen.

■ Für Videos ist die einzige uns bekannte Begrenzung, dass der Clip nicht länger als zehn Minuten dauern darf und nicht mehr als 100 MB haben darf.

Auf eine interessante Zusatzfunktion wollen wir Sie noch aufmerksam machen: Für Ihre guten Bilder mit vielen Pixeln können Sie in den Albumdaten die Option „Hohe Auflösung" wählen. Sie machen das, während Sie die ersten Fotos hochladen (Kästchen ganz unten). Facebook räumt Ihrem Bild dann mehr Speicherplatz ein, komprimiert es also nicht so stark.

Wenn es Probleme gibt

Wenn mal etwas hakt beim Hoch- und Runterladen von Bildern und Videos, dann sollten Sie den Grund zunächst nicht bei Facebook suchen. Es gibt „wahrscheinlichere" Ursachen:

Ein großer Engpass und damit häufige Ursache für Probleme ist die Qualität Ihrer aktuellen Internetverbindung, die sogenannte Bandbreite. Dabei geht es eigentlich immer um die letzte (bzw. erste) Etappe, das heißt die Verbindung von Ihrem Endgerät zum nächsten „Knoten".

Wer zum Beispiel noch über ISDN angeschlossen ist oder eine sehr schlechte Mobilfunkverbindung hat, der kann beim Thema Fotos und Videos viel Zeit verlieren. Denn Bilddateien sind groß, meist viel größer als Textdateien oder Excel-Tabellen. Und Videos sind eine Sammlung von sehr vielen Bildern, sie sind also noch größer.

Stand der Technik beim Anwender

Problemursache Nummer zwei sind veraltete Geräte und veraltete Software. Ihr Internetbrowser sollte darum auf dem aktuellsten Stand sein und für Videos auch der Adobe Flashplayer. Beide Aktualisierungen können Sie auf den jeweiligen Seiten der Softwareanbieter vornehmen.

In Sachen Gerät ist es schwer, einen Rat zu geben. Die mobilen kleinen Geräte (also Smartphones und Tablets) können eigentlich noch gar nicht veraltet sein, wenn eine Facebook-App darauf läuft beziehungsweise das Internet, sodass man Facebook nutzen kann. Die PCs und Laptops allerdings schon. Alles, was älter als sechs Jahre ist, ist zumindest verdächtig, nicht mehr mit den heutigen Anforderungen mithalten zu können.

Problemquelle Nummer drei: Das Hochladen von Bildern und Videos kann schon ein paar Sekunden bis Minuten dauern. Es sind eben viele Bytes, die da von A nach B müssen. Und dabei kann es auch passieren, dass irgendwo irgendwas „klemmt" und sich der ganze Verbund „aufhängt", wie man sagt. Wer hat geglaubt, alle Systeme arbeiten immer perfekt zusammen?

Wenn Sie nach fünf Minuten Hochladezeit noch immer keinerlei Ergebnis sehen, dann kann so etwas gerade geschehen sein. Was tun? Eine Möglichkeit ist: Bei Facebook ausloggen, einen kurzen Moment warten, wieder anmelden und noch mal von vorne beginnen. Das ist zugegebenermaßen etwas lästig, kann aber helfen. Im äußersten Notfall fährt man sogar mal den Rechner komplett runter – und wieder hoch.

GRUPPEN

Gruppen geben der großen, kreuz und quer vernetzten Facebook-Gemeinde etwas Struktur. Im „richtigen Leben" kommt der Verein wohl der Facebook-Gruppe am nächsten. Aber der Vergleich hinkt an vielen Stellen, nehmen Sie ihn nur als erste Orientierung.
Die Anzahl der Mitglieder von Facebook ist bekannt, die Anzahl der Gruppen aber (unseres Wissens) nicht. Über 1 000 neue Gruppen werden täglich gegründet – und sicher werden auch viele „vergessene Gruppen" wieder gelöscht (Facebook löscht selbst Gruppen, wenn das letzte Mitglied austritt). Die meisten Gruppen sind leidlich seriös, manche sind etwas albern bis völlig verrückt, einige sind sogar unseriös bis fast gefährlich.

Eine Gruppe – was ist das?
In Facebook ist eine Gruppe ein Zusammenschluss, eine Gemeinschaft von Gleichgesinnten, von Menschen, die sich hier treffen und austauschen – ganz egal, welcher „Sinn" konkret bei ihnen gleich ist. Jede Gruppe hat einen Namen und einen „Administrator", kurz „Admin" genannt, und irgendwelche Mitglieder (zumindest den Admin). Mehr gehört nicht dazu, eine Gruppe zu gründen. Eine Gruppe muss nicht genehmigt werden, und es prüft auch niemand, ob der Zweck oder das Ziel der Gruppe wirklich „praktiziert" wird. Aber natürlich müssen die allgemeinen Facebook-Regeln eingehalten werden, die gelten immer.

Es gibt drei Formen von Gruppen:

■ **Offene Gruppen**, bei denen jeder Mitglied werden kann. So eine Gruppe ist zum Beispiel „Senioren-Freunde". Hier können Sie ohne weitere Vorbereitung Mitglied werden. Geben Sie den Namen einfach oben in das Suchfeld ein und klicken Sie auf die Lupe rechts daneben.

■ **Geschlossene Gruppen**, bei denen man die Mitgliedschaft beantragen muss. Geben Sie zum Beispiel „Klasse 10b" im Suchfeld ein, finden sie über 50 geschlossene Gruppen, die so heißen. (Der Name ist nicht so schlau gewählt: Um die richtige 10b zu finden, muss man jede anklicken und schauen, wer da Mitglied ist.)

■ **Geheime Gruppen**, von denen außer den Mitgliedern (und Facebook) keiner etwas weiß. Hier können wir kein Beispiel angeben, das Sie sich anschauen können. Denn jedes neue Mitglied muss von einem bestehenden Mitglied zur Gruppe hinzugefügt werden. Erst dann ist die Gruppe für „den Neuen" sichtbar.

In der Matrix rechts werden die Unterschiede zwischen den drei Gruppentypen gut dargestellt (Teile der Matrix haben wir in der Facebook-Hilfe gefunden.)

Jedes Facebook-Mitglied kann maximal 300 Gruppen beitreten. Wer hier tatsächlich an die Grenze kommt, sollte es nicht schwer haben, ältere Mitgliedschaften wieder zu lösen – eben um neuen Gruppen beitreten zu können.

Wozu braucht man Gruppen?

Facebook möchte möglichst viele soziale Merkmale der „realen Welt" in seine virtuelle Welt übernehmen. Und die meisten von uns sind in der realen Welt bereits in irgendwelchen Gruppen, in Abteilungen, Doppelkopf-Runden, Bürgerinitiativen, Wandergemeinschaften, Ausbildungsgängen etc. Genau um all solche lockeren, oft recht unverbindlichen Gemeinschaften virtuell abzubilden, gibt es in Facebook Gruppen.

Doch es gibt noch mehr Motive, eine Gruppe zu gründen. Hier sind drei typische andere Arten von Gruppen:

PRIVATSPHÄRE UND SICHTBARKEIT IN GRUPPEN

Wer kann ...	Offene Gruppe	Geschlossene Gruppe	Geheime Gruppe
... von sich aus einer der Gruppen beitreten?	Jeder (durch einen Klick)	Jeder kann den Antrag stellen. Wird er angenommen, ist man Mitglied.	Niemand; man kann nur von Mitgliedern hinzugefügt werden.
... durch ein Mitglied einer Gruppe hinzugefügt werden?	Jeder	Jeder	Jeder; das ist der einzige Weg, um Mitglied in einer geheimen Gruppe zu werden.
... den Gruppennamen sehen?	Jeder	Jeder	Nur Mitglieder
... die Gruppe über eine Suche finden?	Jeder	Jeder	Nur Mitglieder
... die Gruppenmitglieder mit Bild sehen?	Jeder	Jeder	Nur Mitglieder
... die Beiträge der Mitglieder in der Gruppe lesen?	Jeder	Nur Mitglieder	Nur Mitglieder
... die Fotos und Videos der Gruppe anschauen?	Jeder	Nur Mitglieder	Nur Mitglieder
... die Dateien der Gruppe sehen?	Jeder	Nur Mitglieder	Nur Mitglieder
... die Fotos, Videos und Dateien der Gruppe downloaden?	Jeder	Nur Mitglieder	Nur Mitglieder
... die Veranstaltungen der Gruppe ansehen?	Jeder	Nur Mitglieder	Nur Mitglieder
... die Fragen/Umfragen der Gruppe sehen?	Jeder	Nur Mitglieder	Nur Mitglieder
... an den Fragen/Umfragen der Gruppe teilnehmen?	Nur Mitglieder	Nur Mitglieder	Nur Mitglieder
... einen Freund einer Gruppe hinzufügen?	Nur Mitglieder	Nur Mitglieder	Nur Mitglieder

■ „Volksabstimmung": Beispiele hierfür fangen oft mit „Wir wollen…" an. Wer Mitglied ist, ist für oder gegen etwas, etwa, dass ein bestimmter Schauspieler öfter im Fernsehen zu sehen ist.

■ Wettkampf: Beispiele hierfür fangen oft mit „Ich wette, Ich finde…" oder „I bet, I find…" an. Der Gründer will möglichst viele Mitglieder „sammeln", einfach so.

■ Unseriöse Belästigung: Ähnlich wie das Modell „Wettkampf", aber hier werden die Mitglieder laufend mit irgendwelchen Gruppennachrichten belästigt oder sogar (in einer kriminellen Ausbaustufe) per E-Mail kontaktiert. Gelockt wird gerne mit Zusatzpunkten für ein Facebook-Spiel. Wird man noch aufgefordert, alle Freunde in die Gruppe einzuladen, dann ist zumindest „im Geiste" die Grenze zur Datenschutzverletzung überschritten.

■ Eine erste Orientierung zu solchen „Scam"-Gruppen (und anderen unseriösen Auftritten) finden Sie zum Beispiel hier: www.mimikama.at. Die österreichische Firma mimikama betreibt auch „zddk" – klingt irgendwie nach „Zentralverband der deutschen Kontrollöre" – heißt aber: „zuerst denken, dann klicken". Sehr richtig! Ein ernst zu nehmendes Thema. Diese Organisation gibt es auch als Fanseite in Facebook (https://www.facebook.com/fakepostings?fref=ts). Besuchen Sie sie ruhig und schauen Sie sich mal um. Fröhlicher wird man dabei allerdings nicht!

Sind Gruppenmitglieder auch Facebook-Freunde?

Nein, sind sie nicht, beides ist voneinander unabhängig. Allerdings werden Sie in großen Gruppen (über 250 Mitglieder) nur noch zu Beiträgen Ihrer eigenen Freunde in dieser Gruppe benachrichtigt – sonst könnte der „elektronische Krach" in der Gruppe schnell ohrenbetäubend werden.

Gruppen finden

Gruppen zu finden ist einfach mit der Facebook-Suche.

■ Sie beginnen mit Ihrem Suchbegriff, der im Namen der Gruppe vorkommen muss. Wir haben im Beispiel „Bad Homburg" gewählt und dies in die Suchzeile ganz oben eingegeben. Wichtig:

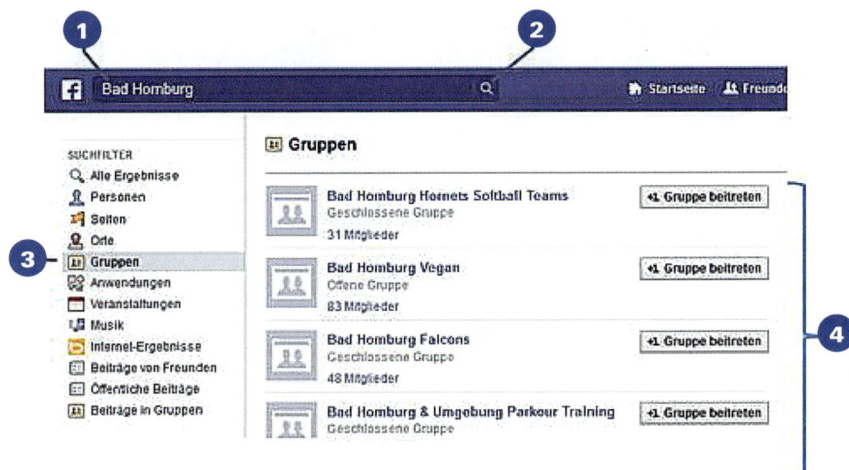

1 Suchbegriff eingeben und NICHT „Return" drücken. **2** Lupe drücken, sodass die Suchfilterleiste links erscheint. **3** „Gruppen" markieren. **4** Gruppe suchen und markieren, um Detailinfos zu erhalten.

zum Abschluss NICHT Return, die Eingabetaste, drücken! Stattdessen drückt man auf die Lupe rechts daneben. Dadurch öffnet sich am linken Rand die Filterleiste.

■ Hier wählen Sie „Gruppen", denn darum geht es jetzt ja.

■ Es werden sowohl offene wie geschlossene Gruppen angezeigt. Durch einen Klick auf die Gruppe werden wir hoffentlich Näheres erfahren.

■ Wir wählen ganz willkürlich „Bad Homburg vegan", eine offene Gruppe ganz oben, vermutlich Veganer.

In der Tat: Man erfährt schon einiges über die Gruppe, ohne überhaupt Mitglied zu sein. Insbesondere sieht man, wer schon Mitglied ist. In der Chronik werden Rezepte gezeigt und Mitarbeiter für ein Restaurant gesucht. Die Veranstaltungen sind aktuell leer, und die Fotos zeigen keine Überraschungen.

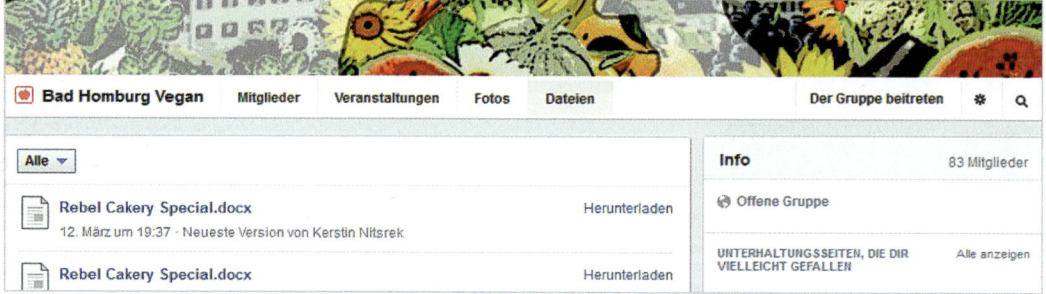

Interessant ist aber die Rubrik „Dateien", die haben wir bisher weder auf den privaten Seiten (so wie unsere eigene) noch auf den Fanseiten gesehen. Unter „Dateien" werden hier Rezepte vorgestellt, jedes kann man auch runterladen.
Über eine Gruppenseite kann man also auch Dateien und Dokumente austauschen. Das ist recht praktisch. Wie es funktioniert, werden wir gleich behandeln.

Einer Gruppe beitreten

+1 Gruppe beitreten

Einer Gruppe beizutreten ist einfach: Klicken Sie auf „+1 Gruppe beitreten".
Bei einer offenen Gruppe ist das alles, nun sind Sie „drin". Bei einer geschlossenen Gruppe müssen Sie auf die Bestätigung, formell also auf die Aufnahme warten. Die dazu berechtigten Personen werden über Ihren Antrag per E-Mail informiert – ob und wann sie reagieren, weiß man aber natürlich nicht.
In einer aktiven, lebendigen Gruppe mit „normalen" Mitgliedern sollte das Ganze nicht länger als 48 Stunden dauern. Der Umkehrschluss, dass es in der Gruppe, der man beitreten möchte, etwas behäbig zugeht und darum eben alles etwas länger dauert, ist aber nicht unbedingt berechtigt:
Wenn Sie keine Antwort auf Ihren Beitrittswunsch erhalten, kann es auch gut sein, dass die zuständige Person (wer das ist, sehen wir noch) auf „Ignorieren" geklickt hat, als Ihr Antrag kam. „Ignorieren" ist hier die etwas kaltschnäuzige Variante von „Abgelehnt".

Aber wir wollen das nicht annehmen, sondern geben der Gruppe einfach ein paar Tage, um zu reagieren. Irgendwann kommt bestimmt das grüne Licht, als E-Mail sieht das dann konkret so aus:

facebook

 Herbert Schnipkoweit hat deine Beitrittsanfrage für die Gruppe **Wanderfreunde Taunus** bestätigt.

Natürlich erhalten Sie auch eine entsprechende Benachrichtigung in Facebook. Außerdem finden Sie nun die neue Gruppe (in unserem Beispiel die Wanderfreunde Taunus) in Ihrer „Seitenleiste" am linken Rand.
Und in der Gruppe werden Sie nun als Mitglied geführt.
Einer geheimen Gruppe können Sie nicht beitreten. Hier gibt es nur die Möglichkeit, dass ein Gruppenmitglied Sie hinzufügt. Wer dazu in der Gruppe berechtigt ist, legt (in allen Gruppen) der Admin fest.

Zu einer Gruppe hinzugefügt werden

Es gibt aber noch einen anderen Weg, Mitglied einer Gruppe zu werden: Sie werden von einem Ihrer Freunde „beigetreten". Es ist keine Einladung, sondern eine Art Sofortaufnahme. Und es geht fast zu einfach.

■ Klicken Sie in der Seitenleiste links auf die Gruppe, zu der Sie einen Freund hinzufügen wollen.

■ Rechts in der Mitte sehen Sie einen Infokasten zur Gruppe. Hier wird zum Beispiel die Mitgliederzahl angezeigt.

■ In das Feld unten im Kasten „+ Personen zur Gruppe hinzufügen" geben Sie den Namen des Freundes ein, den sie hinzufügen wollen. Facebook macht Ihnen sofort Vorschläge.

■ Klicken Sie auf einen der Vorschläge – und dieser Freund ist Gruppenmitglied. Ohne weitere Sicherheitsnachfrage oder Ähnliches.

Man kann sich leicht vorstellen, dass es hier mitunter zu „Verklickungen" kommen kann, so schnell ist jemand hinzugefügt. Darum kann man seine Aktion auch sofort wieder rückgängig machen.

Das neue Mitglied erfährt von seinem Glück in Form einer Facebook-Benachrichtigung – genauso, wie wenn es auf Antrag angenommen worden wäre.

Gegen so eine „Mitgliedschaft ohne eigenes Zutun" kann man sich einerseits wehren: Man tritt einfach wieder aus (siehe nächsten Abschnitt). Und man kann sich schützen, indem man die Person, die einen hinzugefügt hat, blockiert.

Das ist allerdings keine optimale Lösung – wie manches Andere bei Gruppen auch nicht.

Ein Gruppenmitglied stört

Mitglieder von Gruppen, denen auch Sie angehören, können diese „kleine Freundschaft" ausnutzen (willentlich oder nicht) und Sie belästigen. Solche Mitglieder sehen zwar nicht mehr von Ihnen, als Sie in Ihrer Privatsphäre eingestellt haben. Aber sie können Sie mit Gruppenbeiträgen erreichen und Ihre Gruppenbeiträge lesen. Um dem zu begegnen, können Sie

■ die Gruppe verlassen, dann ist diese „kleine Freundschaft" beendet – allerdings mit allen Mitgliedern der Gruppe. Die direkten Freundschaften bleiben natürlich bestehen,

■ den Admin bitten, die Person aus der Gruppe zu entfernen. Diese Maßnahme sollten Sie nur wählen, wenn Sie sich sicher sind, dass der Admin Ihrem Wunsch wohlwollend gegenübersteht. Sonst kann das Ganze nach hinten losgehen …,

■ die Person blockieren,

■ die Person melden,

■ die Gruppe melden.

Wieder heißt es: Vorsicht, schießen Sie nicht mit Kanonen auf Spatzen! Und die letzten beiden Optionen sind nun mal Kanonen. Schlafen Sie eine Nacht, bevor Sie zu einer dieser Maßnahme greifen. Wenn die Meldung einmal draußen ist, ist sie draußen.

Aus einer Gruppe austreten

Jeder kann jederzeit aus einer Gruppe austreten, ganz gleich, wie er einmal in die Gruppe hineingekommen ist.

■ Klicken Sie links oben auf Ihr Profil (Name und Bild).

■ Wählen Sie in der linken Seitenleiste den Namen der Gruppe, aus der Sie austreten wollen.

■ Klicken Sie in der waagerechten Menüzeile unter den Gruppenmitgliedern ganz rechts auf das Zahnrad.

■ Wählen Sie in dem Fenster ganz unten „Gruppe verlassen".

■ Es öffnet sich ein Querfenster. Klicken Sie auf das Feld „Gruppe verlassen".

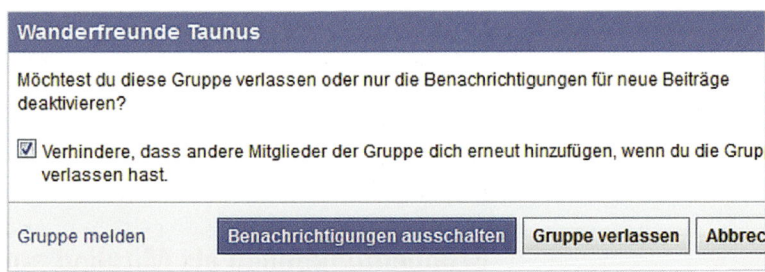

Während bei der Aufnahme in eine Gruppe eine entsprechende Nachricht in der Chronik des neuen Mitglieds steht, erfolgt beim Austritt keinerlei Information, nicht an die Gruppe und nicht in der Chronik des ehemaligen Mitglieds. Verborgen bleibt die Information aber grundsätzlich nicht: Das ausgetretene Mitglied steht jetzt nicht mehr auf der Mitgliederliste.

Drei weitere Optionen in diesem Austrittsdialog sind ebenfalls interessant:

■ Mit dem Haken im Kästchen verhindert man, dass ein „Freund" und Gruppenmitglied einen gleich wieder in die Gruppe „zurückholt". Sollten Sie also aus einer Gruppe austreten wollen: Lassen Sie das Kästchen auf jeden Fall markiert. Diese Option wird natürlich nur aktiv, wenn auch das Feld „Gruppe verlassen" angeklickt wird.

■ Mit „Gruppe melden" öffnet sich ein spezieller Dialog, der neben den „üblichen Verdächtigen" (Hassreden, Gewalt, Sex etc.) auch die Schikane kennt. Das ist neu und eine gute Erweiterung der Meldeoptionen. Um die Gruppe aus einem dieser Gründe zu melden, muss die Gruppe selbst nicht verlassen werden.

■ Die Option „Benachrichtigungen ausschalten" gehört nur bedingt zum Thema „Gruppe verlassen". Eigentlich ist es sogar umgekehrt: Benachrichtigungen schaltet man nur aus, wenn man in der Gruppe bleibt. Von Gruppen, denen man nicht angehört, bekommt man ohnehin keine Benachrichtigungen.

Diese letzte Option erreichen Sie auch über den Menüpunkt links neben dem Zahnrad „Benachrichtigungen". Sie können hier wählen, ob Sie alles aus der Gruppe „hören" wollen, nur Beiträge von Freunden oder gar nichts.

Bei großen Gruppen sollten Sie die Variante „Nur Beiträge von Freunden" ernsthaft in Erwägung ziehen. „Nein" zu wählen, also alle Gruppenbeiträge abzuschalten, ist indessen ähnlich wie ein Austritt aus der Gruppe – nur dass man noch formal Mitglied bleibt. Das macht nur in Sondersituationen Sinn.

Gruppenfunktionen als Mitglied nutzen

Als einfaches Gruppenmitglied kann man wenige oder viele Rechte haben, das legt der Admin fest. Hier wollen wir uns zunächst anschauen, welche Aktivitäten das einfache Mitglied ergreifen kann, wenn der Admin sehr liberal war. Es kann also sein, dass Sie in einer Gruppe Mitglied sind oder werden, in der nicht alles möglich ist, was hier beschrieben wird.

Posten und Kommentieren

Jedes Mitglied einer Gruppe kann Beiträge in der Gruppe schreiben, „posten". Das geht im Prinzip genauso wie bei einfachen, allgemeinen Beiträgen außerhalb einer Gruppe. Um einen Beitrag in einer Gruppe zu schreiben, muss zunächst in der linken Seitenleiste die Gruppe markiert werden. Dadurch betreten Sie sozusagen den inneren, vor Blicken von außen zum Teil geschützten Bereich der Gruppe. (Hinter diesem Zaun geht es allerdings umso freizügiger zu.)

Schreiben Sie nun in das leere Feld „Schreib etwas …" Ihren Beitrag und drücken Sie auf „Posten". Nun ist der Beitrag für alle Gruppenmitglieder sichtbar – und zwar unabhängig davon, welche Privatsphäreeinstellungen Sie für „normale" Beiträge vorgenommen haben!

Beiträge lesen

Jede Gruppe hat eine Chronik, in der nacheinander steht, wer was in der Gruppe gesagt hat. Wie auch in der persönlichen Chronik, steht hier das frischeste oben, nach unten werden die Beiträge immer älter.

In unserer eiligen Zeit lesen viele Menschen nur das, was gerade auf dem Bildschirm steht. Wenn Sie gestern etwas in der Gruppe geschrieben haben und seitdem hat es noch einige weitere Beiträge gegeben, dann ist Ihr Beitrag schon am nächsten Tag nicht mehr sofort zu sehen. Man muss nach unten scrollen, um ihn zu finden.

Um trotzdem Wichtiges nicht zu verpassen, gibt es die Benachrichtigungs-Einstellungen. Haben Sie die entsprechend aktiviert, werden Sie auf einen neuen Beitrag „mit der Nase gestoßen". Wenn nicht, muss der Beitrag eben warten, bis Sie die Gruppen-Chronik besuchen.

Wie viele Mitglieder Ihren Beitrag „gesehen" haben, zeigt die kleine „Gesehen von"-Statistik unten rechts in jedem Beitrag. Ob der Beitrag wirklich aktiv wahrgenommen wurde, weiß natürlich niemand. Gezählt wird hier, wie viele Personen die Chronik der Gruppe aufgerufen haben, nachdem der Beitrag hier veröffentlicht wurde. „Chance gesehen zu werden" wäre wohl ein besserer Ausdruck.

Wenn Sie mit der Maus über den Text „Gesehen von" streichen (ohne Klick), wird angezeigt, wer konkret Ihren Beitrag sehen konnte.

In Gruppen mit mehr als 250 Mitgliedern gibt es diese ganze „Gesehen-von-Statistik" nicht mehr. Facebook will hiermit unter anderem verhindern, das schlaue Analytiker noch schlauere Auswertungen zu Reichweiten und Erreichbarkeiten anstellen.

Bilder hochladen

Fotos und Videos in einer Gruppe hochzuladen, unterscheidet sich in keinem Punkt vom Vorgehen als privates Facebook-Mitglied. Alles ist genauso.

Klar ist natürlich, dass diese Fotos und Videos dann für alle Gruppenmitglieder sichtbar sind. Und nicht nur für die! Bei offenen Gruppen kann jeder die Gruppenbilder sehen.

Dateien hochladen und herunterladen

Die Möglichkeit, Dateien direkt aus Facebook hochzuladen, steht dem „normalen Facebook-Nutzer" nicht zur Verfügung. Nur als Mitglied einer Gruppe kommt man derzeit in diesen Genuss.

Warum diese Exklusivität für Gruppen? Weil das Speichern von Dateien in ausgelagerten Servern, „in der Cloud" gerade für Gruppen besonders viel Sinn macht. Denn diese öffentlichen Server sind auf der ganzen Welt verfügbar, die Cloud ist global.

So können weit verstreute Familienmitglieder wichtige Dokumente für die ganze Familie verfügbar ablegen, Arbeitsgruppen ihre Pläne und Präsentationen austauschen, Freunde ihre Reise- und Restaurantempfehlungen etc. etc. Man schickt keine riesigen E-Mails mehr mit alles verstopfenden Anhängen, man lädt die Dateien einfach in die Cloud hoch. Alle, die den entsprechenden Zugang haben, werden automatisch informiert, dass es etwas Neues gibt.

Mit „Dateien" bezeichnet Facebook all die „Einheiten" oder Objekte, die wir, von einem kleinen Symbol oder auch Vorschaubild repräsentiert, im Dateimanager sehen. Dateien in diesem Sinn können jedes beliebige Format haben. Sie können auch gut verschlüsselt sein und fast für niemanden zu lesen (oder nur mit ganz speziellen Programmen) – es bleiben Dateien.

Neben diesen allgemeinen Dateien kennt Facebook auch spezielle Dateiformate. Fotos haben wir bereits kennengelernt. Man kann
sie zum Beispiel anzeigen, zuschneiden oder darauf Personen markieren. Ein anderes Spezialformat bei Facebook sind sogenannte
Dokumente. Wir behandeln es im nächsten Kapitel.
Facebook bietet für das Hochladen von Dateien zwei Optionen:
■ Einzelne kleine Dateien können „direkt" hochgeladen werden,
sie sind wie Fotos oder Videos mit einem Beitrag verbunden. Hier
werden wir zunächst die einfache und in jeder Gruppe sofort ver-
fügbare Option vorstellen. Wir haben das Kapitel: „Einzelne Datei-
en direkt hoch- und herunterladen" betitelt.
■ Eine echte Verwaltung für hochgeladene Dateien erhält man
über die Anwendung „Dropbox" (<dropbox>). Dieses etwas an-
spruchsvollere Thema behandeln wir hier kurz im Anschluss im
Kapitel „Dateien in die Dropbox hoch- und herunterladen".

INFO Dateien hochladen

Oben, das ist die Wolke, die „Cloud" (<klaud>), ein Facebook-Server. Dateien hochladen bedeutet, Dateien vom eigenen PC oder Laptop oder Tablet an diesen Server zu senden. Der englische Ausdruck für hochladen ist „upload"
(<apploud>), der für herunterladen „download" (<daun-
loud>). Diese Begriffe werden oft auch in deutschen Texten
verwendet, darum stellen wir sie hier vor.
Wenn ich etwas hochgeladen habe, ist in diesem riesengro-
ßen, virtuellen Schrank ein kleines Fach mit meinem Namen
drauf, und da liegt meine Datei drin.
Wenn ich anderen die Adresse von dem Fach gebe und ihnen den Zugang erlaube, dann können die bei Bedarf die
Datei wieder bei sich „herunterladen". Dabei wird meine
Datei im Schrank nicht gelöscht. Viele Personen können
sich also die Datei runterladen – dann, wenn sie sie brauchen. Das kann recht praktisch sein.

Und: Ich kann die Datei bei mir auf dem lokalen Gerät löschen, sie ist ja oben im „Schrank". So spare ich Platz bei mir lokal.

Nach menschlichem Ermessen sind normale Dateien (Tabellen, Aufsätze, Briefe, Konzepte, Strategien, Präsentationen, Datenbanken) auf den bekannten großen Cloud-Servern ziemlich sicher gegen unbefugten Zugang durch „einfache Kriminelle". Einige Geheimdienste können aber vermutlich in diesen Clouds stöbern.

Es gibt zudem Dateien, die man besser gar nicht in diesen virtuellen Schrank legt: tan-Listen zum Beispiel für das Onlinebanking, Geheimnummern oder auch Lebensläufe. Und ebenso Vorsicht ist angeraten bei personenbezogenen Daten. Der Kleinunternehmer etwa, der Mitarbeiterdaten zu einem Cloud-Server hochlädt, verstößt möglicherweise schon damit gegen das Bundesdatenschutzgesetz (muss im Einzelfall von juristisch kompetenter Stelle geprüft werden). Ein guter Rat für den, der die Cloud nutzen will, ist, nur verschlüsselte Dateien in die Cloud hochzuladen.

Weitere Details zum Thema „Cloud-Computing" finden Sie in einer unserer Spezialausgaben: http://www.test.de/Cloud-Die-Daten-in-der-Wolke-4366749–0/.

Einzelne Dateien direkt hoch- und herunterladen

Das einfache Hochladen von Dateien in einer Gruppe funktioniert genau wie das Hochladen eines Fotos:

- Klicken Sie auf die Startseite.
- Markieren Sie in der Seitenleiste links die gewünschte Gruppe.
- Klicken Sie oben im Quermenü ganz rechts auf „Dateien".
- Klicken Sie rechts auf „+ Datei hochladen".
- Selektieren Sie auf Ihrem Computer die entsprechende Datei (nicht mehr als 25 MB).
- Klicken Sie auf „Posten". Fertig!

Es gibt einen zweiten Weg zum Hochladen über ein leeres Beitragsfeld. Hier klickt man links auf „+ Datei" und wählt dann links „Datei auswählen" (Die Dropbox-Anwendung rechts haben wir ja noch nicht aktiviert).

Von hier ab geht es genau wie oben weiter.

So einfach wie das Hochladen funktioniert auch das Herunterladen. Und auch hier gibt es wieder mehrere Wege:

■ Sie können wie beim Hochladen vorgehen. Wenn Sie in der Gruppe auf „Dateien" geklickt haben, werden Ihnen alle Dateien, die Sie herunterladen können, angezeigt. Klicken Sie auf die gewünschte Datei. Im nächsten Schritt können Sie wählen zwischen „Öffnen mit" und „Datei speichern". Bei „Datei speichern" wird die Datei in den Ordner „Downloads" Ihres lokalen Benutzerkontos kopiert – bei „Öffnen mit" wird sie mit einem geeigneten Programm geöffnet (Vorschläge werden angezeigt).

■ Sie können auch in der Chronik der Gruppe nach dem Beitrag suchen, in dem das gesuchte Dokument hochgeladen wurde – vielleicht war das ja vor ganz kurzer Zeit und man findet den Beitrag schnell. Klicken Sie dazu auf den Namen der Gruppe – ob an der linken Seitenlinie oder oben links im Quermenü ist egal. Auf diesem Weg gibt es mehr Optionen:

■ Klicken Sie „Herunterladen", das funktioniert genau wie oben.

■ Klicken Sie „Vorschau", dann wird die Datei direkt geöffnet und angezeigt – falls Sie auf Ihrem Rechner das entsprechende Programm installiert haben.

■ Und mit „Geänderte Datei hochladen" können Sie eine alte, zuvor hochgeladene Version einer Datei gegen eine Aktualisierung, die Sie vielleicht gerade erstellt haben, austauschen.

Dateien in die Dropbox hoch- und herunterladen

Für viele ist „Dropbox" fast schon zu einem normalen technischen Ausdruck geworden. Aber tatsächlich ist es ein Produkt- und Markenname wie zum Beispiel „Nivea" und „Mercedes". Im Kasten sind einige Fakten zur Dropbox zusammengestellt.

INFO	**Dropbox**

Dropbox ist ein US-amerikanisches Unternehmen, das in den letzten Jahren schnell gewachsen ist. Dropbox erreichen Sie über die URL http://dropbox.com. Das Symbol ist immer ein kleiner blauer, geöffneter Karton.

Seit Mitte 2012 arbeitet Dropbox mit Facebook zusammen, aber Dropbox hat auch Kooperationen mit anderen Diensten, zum Beispiel mit Google.

Dropbox betreibt große „Cloud-Server", in die jeder, der einen Internetzugang hat, seine Dateien hochladen kann. Natürlich muss man sich hierfür registrieren. Die ersten 5 GB Datenvolumen sind kostenfrei, danach gibt es ein gestaffeltes Preissystem. Aktuell (Sommer 2013) kosten 100 GB rund 100 US$ im Jahr. (1 GB = 1 Gigabyte = 1 024 Megabyte = 1 048 576 Kilobyte = 1 073 741 824 Byte).

In einem Dropbox-Konto sieht man seine hochgeladenen Dateien ähnlich geordnet wie zum Beispiel unter dem Windows-Dateimanager. Man kann zudem Dropbox-Ordner in seinen eigenen Dateimanager integrieren. Diese Ordner verhalten sich dann, als wenn es ganz normale „lokale" Ordner wären. Das macht die Benutzung so angenehm einfach.

In diesem Dateimanager-Ausschnitt fügt sich der Dropbox-Ordner ganz unscheinbar in die Liste ein. Alle anderen Ord-

Name
- Application Data
- Desktop
- Downloads
- Dropbox
- Eigene Bilder
- Eigene Dokumente
- Eigene Musik
- Eigene Videos
- Favoriten
- Gespeicherte Spiele
- Kontakte
- Links
- SkyDrive
- Suchvorgänge

ner der Liste sind lokale Ordner, nur dieser ist „in der Cloud". Der kleine grüne Haken besagt, dass aktuell keine Daten hoch- oder heruntergeladen werden, alles ist synchronisiert.

Mitglieder von Facebook-Gruppen können die Anwendung „Dropbox" in Facebook aktivieren und so in der Gruppe diese übersichtliche Verwaltungsfunktion für hochgeladene Dateien nutzen.

Allerdings wird Dropbox ab 2013 wohl auch zum Kreis der von US-Geheimdiensten systematisch abgelauschten Systeme gehören. Wirklich sensible Daten sollten Sie also mit einem Verschlüsselungsprogramm schützen. Zum Beispiel „Truecrypt" (http://truecrypt.com) bietet hier recht hohe Sicherheit zum Nulltarif.

Um die Dropbox-Funktion für Facebook-Gruppen zu nutzen, muss ein entsprechendes Konto bestehen. Mindestens ein Mitglied der Gruppe muss so ein Konto eingerichtet haben, bevor Dateien hoch- oder heruntergeladen werden können. Wir nehmen hier an, dass Sie selbst so ein Konto eingerichtet haben. Ein paar Hinweise zum Thema finden Sie in dem Infokasten „Brauchen Sie ein Dropbox-Konto?" (siehe Seite 109). Wir nehmen jetzt an, dass Ihnen die Grundlagen von Dropbox bekannt sind.

Um die Dropbox in Gruppen zu nutzen gehen Sie nun so vor:

■ Klicken Sie auf „Startseite".

■ Wählen Sie die Gruppe, in der Sie eine Datei via Dropbox teilen wollen, in der linken Seitenleiste aus.

■ Klicken Sie im Quermenü oben rechts auf „Datei" mit dem kleinen Hochlade-Pfeil.

■ Wählen Sie die rechte Option.

■ Akzeptieren Sie den ersten Hinweis zum Informationsaustausch. Es hilft nichts, da müssen Sie durch, wenn Sie auf diesem Weg bleiben wollen! Die Alternative bedeutet, die Dropbox nicht in Facebook zu nutzen. Und das Risiko ist, soweit man das heute sagen kann, überschaubar: Das Produkt „Dropbox" selbst gilt als sicher (soweit Cloud-Computing sicher ist), Ihr öffentliches Profil ist ohnehin kein Geheimnis, Ihre E-Mail-Adresse ist zur Verifikation und zum Erkennen von Missbrauch hilfreich, die Gruppeninformationen der Freunde waren bisher auch nicht geheim. Fazit: Klicken Sie auf „OK".

■ Überspringen Sie den zweiten Hinweis zum Posten (Sie können das auch akzeptieren, es ist nur eine Info an einen von Ihnen gewählten Empfängerkreis).

■ Melden Sie sich in Ihrem Dropbox-Konto an. Sie verlassen jetzt für einen kurzen Moment Facebook, bleiben da aber angemeldet.

■ Sie sind nun in der Web-Anwendung von Dropbox. Wählen Sie den Ordner aus, in dem die Datei liegt, die Sie Ihrer Gruppe zur Verfügung stellen wollen. Und wählen Sie dann die Datei darin (oder mehrere) aus durch Markieren und Klicken auf „Öffnen".

■ Fertig! So wird dann das Ergebnis in Ihrer Gruppe angezeigt. Bitte lassen Sie sich nicht von dem Namen der Datei und dem Namen der Gruppe stören. Es sind eben nur Beispielnamen.

Die Gruppenmitglieder sehen als aktuellen Beitrag, dass und welches Dokument Sie via Dropbox mit der Gruppe teilen. Jedes Gruppenmitglied kann nun das Dokument aufrufen, anschauen und herunterladen.

So nahtlos arbeitet Facebook nur mit der Firma Dropbox zusammen. Doch es gibt bereits viele Anbieter von Cloud-Lösungen, auch deutsche. Im test-Heft 08/2013 haben wir 13 von diesen getestet und vergleichend gegenübergestellt. Auf www.test.de geben Sie in der Suchmaske einfach „Online-Speicherdienste" ein.

BRAUCHEN SIE EIN DROPBOX-KONTO?

Wenn die meisten der folgenden Punkte für Sie zutreffen, sollten Sie ein Dropbox-Konto haben bzw. einrichten. Die Gratisversion bis 5 GB reicht zunächst auf jeden Fall. Und wenn Sie an diese Grenze stoßen, können Sie immer noch „aufrüsten".

■ Sie sind Mitglied (mindestens) einer Facebook-Gruppe und nehmen am Gruppenleben aktiv teil.

■ Sie erstellen immer wieder Dokumente, Präsentationen und Fotos für die Gruppe und verschicken die dann per E-Mail.

■ Sie erhalten immer wieder von anderen Gruppenmitgliedern größere und kleinere Dateien per E-Mail.

■ Ihre Festplatte quillt langsam über und Sie könnten gut einige Dateien und Fotos löschen, möchten aber diese Daten nicht ganz verlieren.

Dokumente erstellen und bearbeiten

Facebook bietet Ihnen auch die Möglichkeit, mit Gruppenmitgliedern gemeinsam an einem Dokument zu arbeiten. Ein richtiges „Einsteigerthema" ist das nicht mehr, diese Methode müssen Sie sich selbst erschließen. Wählen Sie einfach in dem Untermenü der Gruppe die Funktion „+ Dokument erstellen".

Fragen stellen und beantworten

Eine nützliche Funktion für Facebook-Gruppen ist die Frage. Sie kennen das sicher: Immer mal wieder muss man sich mit einer

Gruppe von Menschen organisatorisch abstimmen, um einen gemeinsamen Beschluss (Termin, Reiseziel, Geschenkauswahl etc.) zu fassen. So etwas kann mitunter schwierig werden.

Mit der Fragefunktion für Gruppen bietet Ihnen Facebook hier eine gute Hilfe an. Voraussetzung ist allerdings, dass alle Beteiligten bei der Abstimmung auch Mitglieder der Gruppe sind. Aber eine Gruppe zu gründen, ist ja einfach. So kommen Sie schnell zu einem Abstimmungsergebnis:

■ Gründen Sie nur zu diesem Thema eine geschlossene Gruppe (wenn es zum Beispiel wegen eines Geschenks sehr vertraulich zugehen soll, können Sie auch eine geheime Gruppe gründen).

■ Fügen Sie alle beteiligten Personen selbst hinzu (alle müssen natürlich Facebook-Mitglieder sein). Falls noch ein paar Zögerliche am Facebook-Beckenrand stehen, ist dies doch ein guter Anlass, sie zum Sprung, soll heißen zur Mitgliedschaft zu motivieren!

■ Setzen Sie dann auch sofort die Frage oder Abstimmung auf.

■ Klicken Sie auf „Startseite".

■ Wählen Sie links die Gruppe, in der die (Um-)Frage erstellt werden soll.

■ Klicken Sie auf „Frage" im oberen leeren Beitragsfeld.

■ Formulieren Sie in „Frage etwas" den Fragetext, sodass man die Antwortoptionen versteht.

■ Klicken Sie nun „Umfrageoptionen hinzufügen".

■ Bei einer Terminabstimmung (Beispiel) wählen Sie jetzt pro Termin eine Option und tragen das Datum in das Textfeld ein. Ein bestimmtes Datumsformat ist nicht nötig. Sie können „1.4.2014" schreiben oder „Ostermontag" oder „kommender Donnerstag". Wichtig ist nur, dass die Befragten es verstehen.

■ Bei der Auswahl eines Geschenks sind die Optionen dann zum Beispiel „Wellness-Wochenende", „Tanzkurs" und „Küchenmaschine".

■ Vor dem nächsten Schritt prüfen Sie noch mal, ob das wirklich verständlich und vollständig ist. Überschätzen Sie Ihre Zielgruppe nicht. Viele lesen sowas nur „mit einem Auge" und missverstehen es dann. Formulieren Sie einfach und klar. Die Optionen müssen sich deutlich voneinander unterscheiden. Wenn Sie Ihre Frage irgendwie missverständlich formulieren und dann, nachdem schon einige geantwortet haben, das Ganze noch mal neu aufsetzen müssen, kann es schwierig werden. Vermutlich nehmen nicht alle ein zweites Mal an der Umfrage teil. Aber keine Angst! Die Botschaft ist hier nur: An dieser Stelle sollten Sie besonders sorgfältig sein!

■ Mit „Posten" schließen Sie Ihre Gruppenumfrage ab. Sie erscheint nun in der Gruppenchronik. Und alle Mitglieder der Gruppe (und nur die!) werden in Facebook sowie per E-Mail über diese Frage benachrichtigt (wenn Sie nicht individuell andere Benachrichtigungs-Einstellungen vorgenommen haben). Ein Gruppenmitglied von der Teilnahme an der (Um-)Frage ausschließen kann man übrigens nicht! Wer nur eine Teilgruppe adressieren will, muss notgedrungen eine neue, kleinere Gruppe gründen.

Sie können im Anschluss auch gleich selbst an der Umfrage teilnehmen, denn vor den Optionen stehen jetzt Auswahlboxen. Klicken Sie jede der Optionen an, die für Sie gut ist. Facebook markiert Ihre Auswahl Option für Option mit Ihrem Profilsymbol.

Hier sehen wir jetzt schon das Ergebnis einer Frage bzw. Abstimmung.

■ Oben steht die eigentliche Frage, wie der Autor sie formuliert hat.

■ Von den vier Terminen direkt darunter hat der Autor ursprünglich nur drei vorgeschlagen. Den 21.6. hat Inge später noch hinzugefügt. Sie hat dazu einfach bei ihrer Abstimmung auf „Füge eine Antwort hinzu" geklickt und den Termin in das Feld eingetragen. Man kann der Frage allerdings nicht ansehen, dass diese Terminoption von Inge später dazukam (Inge hat es uns verraten).

■ Links vor den 4 Terminoptionen sind kleine Kästchen. Markiert ist die Auswahl des Kontos, das wir hier sehen, es ist Michaels Konto. Er hat also 3 der 4 Termine gewählt.

■ Bei den Terminoptionen sehen wir eine Art Balkengrafik. Der 16.6. hat einen durchgehenden „Balken", hier haben alle zugestimmt.

■ Wer den anderen Optionen zugestimmt hat, können wir an den kleinen Profilsymbolen am rechten Rand der Frage erkennen.

An dieser Terminumfrage haben jetzt alle 4 Mitglieder der „Wanderfreunde Taunus" teilgenommen. Offensichtlich wird der 16. Juni bevorzugt. Michael hat auch schon einen entsprechenden Beitrag hinzugefügt.

Eine Veranstaltung in einer Gruppe organisieren

Der eben mithilfe der Fragefunktion gefundene gemeinsame Wandertermin ist ein guter Anlass, gleich eine entsprechende Veranstaltung für die Gruppe aufzusetzen.

So gehen Sie vor, wenn sie eine Veranstaltung in einer Gruppe organisieren wollen:

■ Klicken Sie auf „Startseite".

■ Wählen Sie links die Gruppe, für die Sie die Veranstaltung aufsetzen wollen.

■ Klicken Sie auf „Veranstaltungen" im Quermenü oben in der Mitte.

■ Tragen Sie die relevanten Informationen in die entsprechenden Felder ein.

Für die konkrete Wanderveranstaltung haben wir das Nötige ausgefüllt. Links sehen Sie das Ergebnis aus.

■ Das Kind muss einen Namen haben.

■ Die Details sind oft recht selbstverständlich. Schreiben Sie hier, was Ihnen sinnvoll erscheint, Sie sind der Gastgeber.

■ Beim „Wo" macht Facebook sofort Vorschläge, wenn Sie den ersten Buchstaben eingeben. Mit Glück ist Ihr Ort in der Liste der Facebook-„Locations". Sonst schreiben Sie eben hier eine Adresse hin.

- Die „Von"-„Bis"-Angaben zur Uhrzeit sind optional, bei manchen Veranstaltungen genügt das Datum.
- Eine Wetterprognose hat Facebook selbst hinzugefügt.
- Die Einstellungen zur Privatsphäre zusammen mit dem kleinen Kästchen unten links „Alle Mitglieder einladen" eröffnen Ihnen viele Gestaltungsmöglichkeiten für die Gästeliste. Wir wollen aber lediglich alle Mitglieder unserer Gruppe zur Wanderung einladen und belassen es darum bei den gezeigten Einstellungen.

Die Mitglieder der Gruppe werden nun also über diese Veranstaltung informiert (entsprechend ihrer Benachrichtigungs-Einstellungen). Für Wanderfreund Herbert sieht das zum Beispiel so aus wie auf der Abbildung.
Um die eigentliche Einladung zu sehen, kann Herbert

- auf die Benachrichtigung unter der kleinen Weltkugel klicken. Hier stand vor dem Klicken auch als Zusatzhinweis eine kleine rote „1",
- seine persönliche Chronik aufrufen („Startseite" anklicken) und
- die Chronik der Gruppe aufrufen.

Facebook will anscheinend ganz sicher gehen, dass Veranstaltungen nicht übersehen werden. Alle drei Wege führen zu diesem Eintrag in der Chronik (siehe Abbildung rechts). Herbert klickt auf „Teilnehmen". Er kann nun auch noch weitere Freunde aus der Gruppe einladen.
Um die Einladung zu sehen und darauf zu reagieren, stand Herbert aber noch ein vierter Weg zur Verfügung. Hier hat er die meisten Handlungsmöglichkeiten:

Links in der Seitenleiste steht nämlich neben „Veranstaltungen" eine kleine „1". Klickt man darauf, öffnet sich der eigene Veranstaltungskalender. Hier sind einerseits die Geburtstage der Freunde markiert, aber eben auch der neue Einladungstermin „Wander-Sonntag" für den 16.6.

Und das Wichtigste: Hier kann man nicht nur zusagen. Man hat auch mit „Vielleicht" und „Absage" weitere Reaktionsmöglichkeiten.

Zum Abschluss dieses Abschnitts zu Gruppenveranstaltungen schauen wir uns noch an, wie Herberts Zusage jetzt wieder beim Veranstalter Peter ankommt. Erfährt Peter, dass Herbert mitwandern will?

Um das zu prüfen, gehen wir auf Peters Seitenleiste und markieren „Veranstaltungen". In der Tat, wir sehen: Herberts Zusage wurde verarbeitet.

Bei mehr Meldungen würden hier übrigens alle Zusagen, aber auch Absagen und „Vielleichts", aufgeführt werden.

... und rede darüber

Positive Aktivitäten und Erlebnisse soll man mit anderen teilen. In einer guten, aktiven Gruppe kann man solche erfreulichen Erlebnisse haben. Warum also nicht darüber reden? Bei Facebook heißt das „Teilen" im Sinne von „Mitteilen" oder „Wissen mit anderen teilen".

Es bedeutet, dass in meiner persönlichen Chronik (also außerhalb der Gruppen-Chronik!) irgendetwas über diese Gruppe steht. Etwas Gutes sollte es besser sein, sodass andere, die meine Gruppe nicht kennen, Lust bekommen auf eine Mitgliedschaft.

So gehen Sie vor, wenn Sie Ihre Gruppe etwas bekannter machen wollen:

- Klicken Sie auf „Startseite".
- Markieren Sie links in der Seitenleiste die Gruppe, über die Sie etwas „posten" wollen.
- Klicken Sie rechts in der oberen Hälfte auf das Einstellungs-Zahnrad.

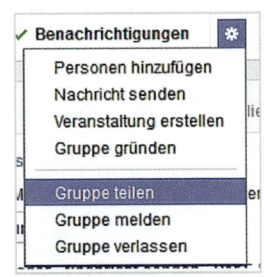

- Wählen Sie „Gruppe teilen" (diese Übersetzung klingt wirklich missverständlich!).
- Entscheiden Sie, wo Ihr Beitrag erscheinen soll. Facebook bietet Ihnen hier vier Optionen – die auf den ersten Blick etwas überraschen können.

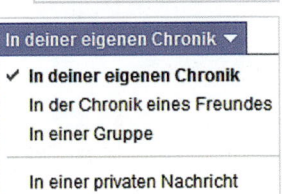

- „In deiner eigenen Chronik" ist eine plausible Auswahl. Alle, die meine Beiträge lesen können, können auch dies lesen.
- „In der Chronik eines Freundes" ist nicht ganz so plausibel. Aber wir dürfen „Chronik" nicht mit „Tagebuch" verwechseln.
- „In einer Gruppe" bedeutet, dass Ihre Gruppe den Mitgliedern einer anderen Gruppe vorgestellt wird. Dabei können Sie freundliche Absichten haben, etwa im Sinne gegenseitiger Ergänzung – oder auch weniger freundliche, etwa im Sinne von: Wir sind besser!
- „In einer privaten Nachricht" klingt unscheinbar – und das ist es auch. Wenn man diese Option wählt, öffnet sich ein E-Mail-ähnlicher Dialog, in dem man als Empfänger eigene Freunde auswählen kann. Eine gezielte Ansprache wird also hier ermöglicht.

Gruppenfunktionen als Admin nutzen

Wer eine Gruppe gründet, ist der Admin. Und eine Gruppe zu gründen ist einfach: Klicken Sie im Seitenmenü „Gruppen" am linken Rand auf „Gruppe gründen …".

Der Admin einer Gruppe ist eine mächtige Person. Er kann

- die Nutzungs- und Sichtbarkeitseinstellungen festlegen,
- über die Aufnahmen von neuen Mitgliedern entscheiden,
- Mitglieder aus der Gruppe entfernen,
- Mitglieder zu weiteren Admins ernennen,
- Beiträge von Mitgliedern entfernen,
- die Gruppe löschen.

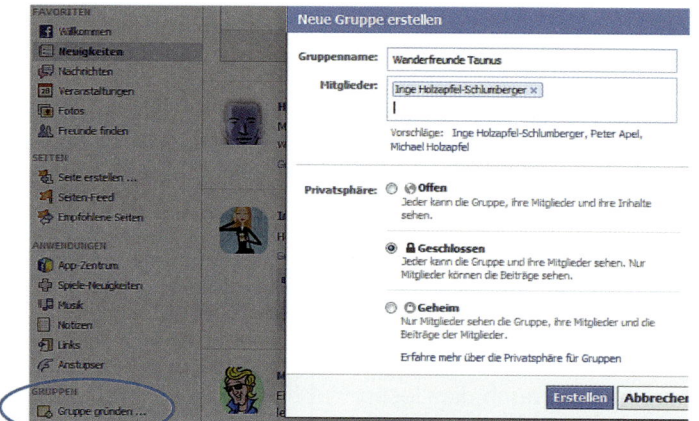

Wenn Sie eine Gruppe gegründet haben, bestehen zu all diesen Punkten bereits automatische Einstellungen. Zum Start können Sie es dabei einfach belassen. Wenn Sie hier ändernd eingreifen wollen, finden Sie in der Facebook-Hilfe recht gute Anleitungen.

Wie Sie das Thema „Gruppen" als Einsteiger behandeln sollten

Gruppen sind eine nützliche Einrichtung in Facebook. Gerade die Abstimmungs- und Terminfindungsmöglichkeiten können wirklich hilfreich sein. Aber auch Dateienaustausch, gemeinsame Dokumente und Gruppenveranstaltungen sind gute Werkzeuge.

Um dies und all die anderen Gruppenfunktionen ohne Ärger und Probleme nutzen zu können, empfehlen wir Einsteigern:

■ Treten Sie nur Gruppen bei, in denen Sie einige Mitglieder persönlich kennen.

■ Seien Sie generell skeptisch, wenn Sie einer Gruppe überraschend hinzugefügt werden. Wenn es gute Freunde sind: okay. Wenn nicht: Vorsicht, im Zweifel wieder austreten.

■ Fügen Sie selbst nicht „einfach so" und ohne Vorabstimmung Freunde zu einer Gruppe hinzu. Viele Menschen mögen solche Überraschungen nicht.

■ Wenn Sie sich in einer App oder einem Spiel mit jemandem angefreundet haben, und der fügt Sie ohne Vorwarnung einer neuen Gruppe zu, die irgendetwas mit dem Spiel zu tun hat – treten Sie am besten gleich wieder aus und blockieren Sie eine erneute Einladung.

■ Treten Sie keinen Gruppen bei, die mit Zusatzpunkten für Spiele oder Apps winken.

■ Seien Sie misstrauisch, wenn Sie in einer Gruppe gebeten werden, alle Ihre Freunde auch in die Gruppe einzuladen. Das ist im
Zweifel nicht seriös.

■ Gründen Sie nur Gruppen, wenn Sie sich um die Gruppe auch
ein wenig kümmern können. Und löschen Sie sie, wenn der Zweck
abgelaufen ist („Hochzeitsgeschenk Bärbel und Heinz" wird nach
der Trauung vermutlich nicht mehr gebraucht).

■ Ernennen Sie einen weiteren Administrator nur, wenn Sie ihn
wirklich gut kennen.

„APPS" UND SPIELE-ANWENDUNGEN NUTZEN

„App" (<äpp>) steht für „Application" (<äpplikäischn>), für „Anwendung" also oder „Software-Programm". Facebook-Apps sind
Programme, die meist nicht von Facebook selbst stammen, sondern von Drittanbietern, also anderen Softwareunternehmen.
2009 gab es bereits 350 000 solcher Facebook-Apps. Es ist sehr
wahrscheinlich, dass wir die Millionenmarke längst überschritten
haben.
Die allermeisten Facebook-Apps sind Spiele. Wir werden hier in
dieser Einführung keinen Unterschied machen. Alle Darstellungen
und Empfehlungen gelten für Spiele (eine Sonderform der Apps)
genauso wie für jede andere App.

Anmeldung und Registrierung

Facebook-Apps sind in die Facebook-Oberfläche integriert, sie
können von Facebook aus aufgerufen werden. Für eine Nutzung
der App muss man sich entsprechend registrieren. Häufig genügt
hier die Facebook-Anmeldung, manchmal muss man sich bei der
App separat erneut registrieren.
Die allermeisten Facebook-Apps verlangen Zugriff auf Ihre persönlichen öffentlichen Facebook-Daten. Sie fordern weiter die Erlaub-
nis, im Namen des Nutzers Nachrichten zu posten. Die App xyz

will zum Beispiel in die Chronik des Nutzers Herbert schreiben dürfen: „Herbert hat beim Spiel xyz eine virtuelle Kaffeemaschine gewonnen."

Diese Genehmigungen zum Datenzugriff und zum Posten von Nachrichten muss man zunächst zulassen, wenn man die App nutzen will. Eine „anonyme" Nutzung ist in aller Regel nicht möglich. Das ist sozusagen der Deal bei vielen Apps: Wir bekommen die Unterhaltung oder nützliche Hilfe häufig völlig gratis, geben dafür aber einen Teil unserer „Selbstbestimmung" und Privatsphäre auf. Im Kapitel „Sicherheitseinstellungen für Apps" zeigen wir Ihnen Wege, wie Sie sich viele der hier scheinbar verlorenen Bürger- und Ehrenrechte wieder zurückholen können.

Kritische Apps

Es gibt indessen auch generell kritische Apps, die selbst nicht die Regeln der Umsicht und Vorsicht walten lassen, die man eigentlich erwarten sollte. Von diesen sollte man die Finger lassen!

Insbesondere Apps auf mobilen Geräten sind hier angesprochen. Sie senden zum Beispiel Ihre privaten Informationen, Ihren Nutzernamen oder Ihr Passwort unverschlüsselt weiter. In einem öffentlichen Netzwerk (WLAN) können diese Daten so leicht von unberechtigten Dritten eingesehen werden.

Die Stiftung Warentest hat Apps bereits mehrfach getestet und darüber berichtet. Testergebnisse sind zum Beispiel zu finden in:

■ test 6–2012; getestet wurden insgesamt 63 Apps (nicht nur Facebook-Apps). Dabei wurden nur 26 wirklich unkritische Apps bezüglich Datenschutz gefunden.

■ test 5–2013; getestet wurden insgesamt 16 Reise-Apps (nicht nur für Facebook). Hier waren 7 der geprüften Apps in Sachen Datenschutz unkritisch.

■ test 7–2013; getestet wurden 15 Sicherheits-Apps. Nur 4 erhielten die Note „gut".

Wenn Sie Facebook und Facebook-Apps an Ihrem stationären PC in einem geschützten Netzwerk nutzen, sind die meisten Apps so kritisch oder unkritisch wie Facebook selbst.

Die Warnungen gelten also insbesondere für mobile Apps wie überhaupt für die mobile Nutzung von Facebook. Auch die Facebook-App selbst (Version 4.1.) für iPhone und Android-Geräte ist kein Musterschüler: Sie versendet zum Beispiel Adressdaten bei der Freundesuche unverschlüsselt (Stiftung Warentest; Heft 6/2012).

INFO **Empfehlungen zu Facebook-Apps**

Welche App Sie aktivieren und was Sie in der App alles über sich preisgeben, ist natürlich Ihre Entscheidung. Unsere Empfehlungen sollten Sie als Anhaltspunkte verstehen. Sie sind keine Garantien. Garantien werden Sie von niemand im Internet bekommen.

1. Informieren Sie sich über die App möglichst umfassend. Suchen Sie Im Facebook-App-Zentrum nach Ihrer App. Schon die Selbstbeschreibung der App gibt Ihnen einen ersten Eindruck, was diese leistet und wie sie auf Ihre Daten zugreift. Apps, die Ihnen zum Beispiel regelmäßige E-Mails ankündigen, werden schnell zur Belästigung. Erste Prüfung also: Steht hier irgendetwas, das Sie abstößt? Dann sollten Sie die App vorerst zurückstellen. Wenn Sie später feststellen, dass das so ähnlich bei allen anderen Apps auch steht, können Sie ja einen zweiten Anlauf riskieren.

Im App-Zentrum können Sie sehen, wie viele Menschen die Anwendung nutzen bzw. das Spiel spielen oder gespielt haben. Ist die Anzahl fünf- oder gar sechsstellig, dann können Sie den ersten Haken machen.

Im App-Zentrum können Sie auch die Bewertungen der Nutzer sehen. Das ist ein recht guter Qualitätsindikator. Vier oder gar fünf Sterne, und Sie können den nächsten Haken machen. Alles unter drei Sterne sollten Sie vergessen.

Im App-Zentrum sehen Sie auch, ob einer Ihrer Freunde die App nutzt. Das wäre ebenfalls ein gutes Zeichen. Sie könnten ihm sogar noch eine entsprechende Frage in seine Chronik stellen. Oder Sie posten ganz öffentlich: „Hallo Freunde, ich würde gerne die App ‚Krieg der Seesterne' spielen, hat einer von euch damit schon Erfahrungen gemacht?" Ziemlich sicher bekommen Sie hierauf ein paar Antworten.

Schauen Sie in den Tests der Stiftung Warentest aus den letzten zwei Jahren nach, ob es hier eine Bewertung oder gar Warnung gibt.

Geben Sie einfach mal in einer Google-Suche „Probleme ‚Krieg der Seesterne'" ein. Ernsthafte Probleme würden zu mehr als einem Treffer bei dieser Suche führen.

Wenn Sie auf keinem dieser Wege auf Warnsignale stoßen, dann steht einer Registrierung bei dieser App nach menschlichem Ermessen nichts mehr im Wege.

2. Verwenden Sie unkritische Registrierungsdaten.

Wenn eine Anmeldung mit Benutzername und Passwort für die Nutzung der App Voraussetzung ist, dann verwenden Sie NICHT die Namen und Passworte, die Sie auch in sensiblen Bereichen verwenden. Ihre Anmeldung für das Onlinebanking etwa, aber auch für Ihr normales Mail-Konto, sollte nicht mit den gleichen oder sehr ähnlichen Daten erfolgen. Es spricht aber nichts dagegen, etwa für alle Spiele die gleichen Anmeldedaten zu verwenden.

3. Wählen Sie sichere Einstellungen bei der Benutzung von Apps

Facebook bietet Ihnen recht nützliche Hilfsmittel, sich gegen unerwünschte Aktivitäten Ihrer Apps zu schützen. Wir stellen diese Möglichkeiten hier im Abschnitt „Sicherheitseinstellungen für Apps" vor. Wenn Sie keine konkreten Gründe haben, von den Empfehlungen abzuweichen, dann sollten Sie sie übernehmen.

Manche Apps haben ein eigenes Einstellungsmenü (Einstellungen = „Settings", <settings>). Prüfen Sie diese Einstellungen und passen Sie sie an. Tendenz: eher konservativ-kritisch-skeptisch.

4. Bleiben Sie cool!

Die Apps können zum Teil wirklich nützliche bis fast unverzichtbare Helfer im täglichen Leben werden, für deren reibungsloses Funktionieren man schon mal fünfe gerade sein lassen mag. Die Spiele machen zum Teil richtig Spaß, sind spannend und fesselnd. In einer echten Wettbewerbssituation, wenn es grad Spitz auf Knopf steht, kann man schon mal ein Auge in Sachen Privatsphäre zudrücken.

Die Botschaft ist: Widerstehen Sie! Hilfsangebote von unbekannten Mitspielern oder von der App selbst, kostenfreie Upgrades oder Bonuspunkte, wenn Sie nur schnell auf diese Webseite gehen, sich erneut anmelden, drei Werbeanzeigen lesen, die englischen Datenschutzvereinbarungen akzeptieren … Nein! Bleiben Sie zumindest misstrauisch! Das ist keine Paranoia, sondern gesunder Menschenverstand.

Eine App auswählen

Wenn Sie von einer App gehört haben, die Sie nun ausprobieren wollen, dann geben Sie den Namen oder einen Namensteil oben in das Suchfeld ein und klicken auf die Lupe (nicht auf Return!). Links geht die Selektionsleiste auf. Sie wählen „Anwendungen". Es sollten nun ähnlich klingende Apps angezeigt werden. Wenn gar nichts kommt, überprüfen Sie die Schreibweise. Manchmal ist weniger mehr. Oder Sie probieren es doch mal mit Return (statt der Lupe). Dann wird bei wenigen Treffern eine Suchmaschine ähnlich Google („bing") aktiviert.

Eine (noch unbekannte) App für eine bestimmte Aufgabe suchen

Wenn Sie keine konkrete App vor Augen haben, sondern eine Hilfe oder Unterhaltung zu einem bestimmten Thema suchen – oder auch wenn Sie sich erst einmal orientieren wollen, dann klicken Sie in der Seitenleiste links auf das App-Zentrum. Hier finden Sie alle Facebook-Apps nach Themen geordnet.

Am linken Rand sehen Sie die Seitenleiste (wenn bei Ihnen die Seitenleiste nicht auf dunklem Grund steht, sondern auf weißem, haben Sie noch das alte Design). In der Mitte ist ein großes Feld unterschiedlich gegliederter App-Vorschläge. Die meisten dieser Vorschläge sind Spiele. Wenn Sie weiter nach unten scrollen, kommt bald in der Mitte ein Rahmen mit mindestens fünf Reitern, nach unten scheint der Rahmen fast endlos. In Wirklichkeit wird hier nur ein kleiner Teil aller verfügbaren Apps gezeigt. Sie können sich hier die erfolgreichsten Spiele, die Apps Ihrer Freunde, die am schnellsten sich verbreitenden Apps und vieles mehr anschauen. Es ist schon interessant zu sehen, mit welcher Art Anwendungen so die Weltbevölkerung beschäftigt ist …

Zwischen der dunklen Seitenleiste links und dem breiten Feld mit Vorschlägen in der Mitte sind oben noch zwei Auswahlfelder:

■ Über das kleine Aufklappmenü können wir auswählen, ob die App für das Telefon oder für ein Gerät mit „normalem" Internetzugang (PC, Laptop, Tablet) geeignet sein soll (die Grenzen verschwimmen allerdings zunehmend).

■ Darunter ist eine recht lange senkrechte Liste, über die wir die Art Anwendung, die wir suchen, die Kategorie, eingrenzen können. Die allermeisten Apps sind hiernach Spiele („RPG" steht für Roll-Play-Game, Rollenspiel). Je nach Kategorie, die wir auswählen, ändert sich die Anzeige in der Mitte. Allerdings sind die Zuordnungen nicht immer ganz verständlich. So sind etwa alle Fitness-Apps unter „Lifestyle" einsortiert. Unter „Sport" war bei uns nur eine Fußball-App zu finden.

■ Recht weit unten finden wir *„Anwendungen"* im Sinne von: keine Spiele. Wenn wir hier klicken, geht das Untermenü (wie hier rechts gezeigt) auf.

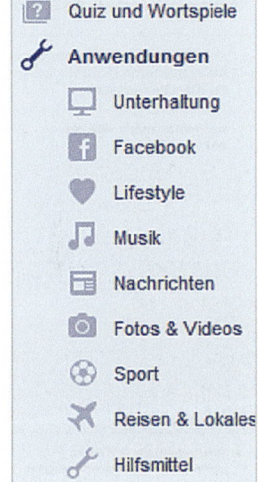

So aktiviert man eine App

Es ist so einfach, dass sich eine genauere Anleitung erübrigt: Wenn Sie „Ihre" App gefunden haben (jede App hat ihre eigene Facebook-Seite), klicken Sie auf „Zur Anwendung" – und Sie sind „drin".

Sicherheitseinstellungen für Apps

Facebook will seine Nutzer vor zu gierigem Zugriff der Apps auf die persönlichen Daten schützen und stellt dazu ein paar Werkzeuge bereit. Sie sind in den allgemeinen Menüs zu den Sicherheitseinstellungen untergebracht:

■ Klicken Sie oben rechts auf das kleine blaue Dreieck.

■ Wählen Sie gleich den ersten Eintrag „Einstellungen".

■ In dem großen Fenster, das nun aufgeht, klicken Sie links auf „Anwendungen".

■ Es öffnet sich ein recht großes Fenster.

Das sieht nicht gerade nach großer Unterhaltung aus, sondern eher nach dem unbeliebten „Kleingedruckten". Aber Sie sind hier auf einer der wichtigsten Seiten zum Thema Sicherheit, Sie sollten dieser Seite (und damit auch diesem Abschnitt) etwas Zeit widmen. Wir werden hier jetzt der Nummerierung in der Abbildung folgen und jede Option behandeln.

Anwendungseinstellungen

Auf Facebook sind dein Name, Profilbild, Titelbild, Geschlecht, Netzwerke, Nutzername und Nutzer-ID immer öffentlich, auch für Anwendungen (**Erfahre warum**). Anwendungen haben außerdem Zugriff auf deine Freundesliste und alle weiteren Informationen, die du öffentlich machst. **1**

Anwendungen, die du verwendest	Möchtest du Anwendungen, Plug-ins, Spiele und Webseiten auf Facebook und anderswo verwenden?	Ein	Bearbeiten **2**
	C Causes	Öffentlich	× Bearbeiten **3**
	E Endomondo Sports Tracker	Öffentlich	× Bearbeiten
	S Slotomania Slot Machines	Freunde	× Bearbeiten
	S SoundCloud	Freunde	× Bearbeiten
Von anderen Nutzern verwendete Anwendungen	Nutzer, die deine Informationen sehen können, können diese an Anwendungen weitergeben. Verwende diese Einstellung, um die Arten von Informationen festzulegen, die Nutzer mitnehmen können.		Bearbeiten **4**
Umgehende Personalisierung	Erhalte relevante Informationen über deine Freunde, wenn du ausgewählte Partnerwebseiten aufrufst.	Ein	Bearbeiten **5**
Alte Versionen von Facebook für Handys	Diese Einstellung bestimmt die Privatsphäre für Inhalte, die du über alte Handy-Anwendungen von Facebook postest, die nicht über deine Inline-Funktion zur Festlegung des Publikums verfügen, z. B. die überholten Versionen von Facebook für BlackBerry.	Öffentlich	Bearbeiten **6**

1. „Erfahre warum"

Schon in dem kleinen Abschnitt oben bekommen Sie einige ganz offizielle Informationen, was von Ihrem Profil und Ihrer Chronik immer zu sehen ist, auch für Apps. Der blaue Link „Erfahre warum" führt Sie weiter und tiefer hinein in die Art, wie Facebook Informationen mit „Drittanbietern", also den Softwareherstellern und deren Partnern, austauscht. Es ist interessant zu lesen – aber es bleibt alles ein wenig unverbindlich. Volle und hundertprozentige Transparenz stellt man sich anders vor. Eine klare Antwort auf das „Warum" finden Sie hier nicht. Als Fazit können wir trotzdem ziehen: Facebook wird sehr viel mit Ihren Daten anstellen, sie auswerten und verknüpfen, auch anreichern mit anderen Daten und hieraus wieder neue Erkenntnisse ziehen. Ihr Nutzungsverhalten wird analysiert (Uhrzeit, Wochentag, Dauer, Art der Aktivität) und Ihre Freunde, Gruppen, Veranstaltungen, Kommentare, „Gefällt mir"s und, und, und.

2. „Möchtest du Anwendungen …"

Klicken Sie auf „Bearbeiten", um zu erfahren, was damit gemeint ist. Es ist aber leider ein wenig unverständlich formuliert.

In diesem Abschnitt stellen Sie ein, ob Ihre Apps alle von Facebook aus aufrufbar sein sollen. Sie benutzen dann Facebook als eine Art „App-Plattform". Die Standardeinstellung ist „Ein", also ist diese Option aktiv. Facebook ist so eine Art großes Portal für all diese Anwendungen. Und häufig wird Ihre Facebook-Anmeldung dann auch gleich zur Anmeldung bei der App verwendet, das ewige Neuanmelden bei jeder Einzel-App entfällt also. So gesehen ist die Plattform praktisch.

Für die Plattform spricht auch, dass viele der Anwendungen für den „sozialen Austausch" entwickelt wurden. Sie entfalten ihre volle Leistung erst, wenn man sich mit Freunden dazu austauscht, Freunde zum Mitmachen einlädt, Erlebnisse und Erfolge in der „Community" gemeinsam feiert.

Schließlich: Manche Apps kosten „außerhalb von Facebook", also etwa einfach als App für das iPhone Geld, meist unter 10 Euro. Facebook-Apps sind bis jetzt generell kostenfrei und werden es wohl auch bleiben.

Gegen die Plattform spricht, dass Sie all das, was Sie mit Freunden teilen, auch mit Facebook teilen. Und im vorigen Abschnitt haben wir ja erfahren, was mit diesen Infos so alles angestellt wird.

Fazit: Es hängt von den Anwendungen ab, die Sie aktivieren. Wenn zum Beispiel gesundheitliche oder finanzielle Informationen darin verwendet werden (Biorhythmus, Aktien-Portfolio oder Ähnliches), dann sollten Sie die Plattform deaktivieren und diese Anwendungen direkt vom Browser aus aufrufen, nicht via Facebook. Klicken Sie dann auf „Plattform deaktivieren" (links unten).

Wenn es „nur" Spiele und reine Unterhaltungs-Apps sind – dann können Sie die Plattform aktiviert lassen.

3. Verwendete Anwendungen bearbeiten

In dieser Gruppe sehen Sie alle Apps, die Sie schon via Facebook aktiviert haben. Wenn Sie noch nichts sehen, dann wurde eben noch keine App aktiviert.

Dieser Abschnitt ist also eine Art rückblickende Übersicht. Er liefert die Antwort auf eine Frage wie: Was habe ich bereits an Apps alles aktiviert und was dürfen diese Apps im Einzelnen? Klicken Sie neben einer angezeigten Anwendung auf „Bearbeiten".

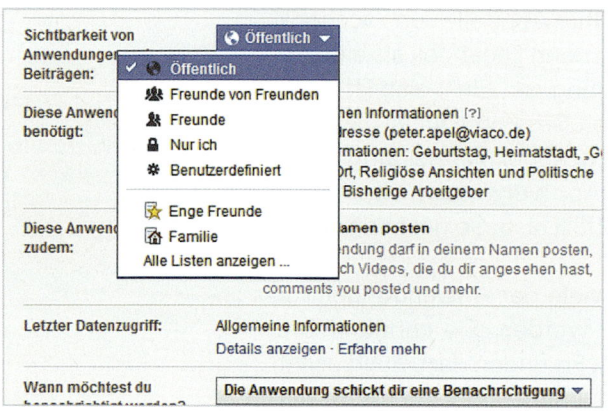

■ Die Sichtbarkeit sollten Sie auf „Freunde von Freunden" stellen, wenn Sie den Kreis potenzieller neuer Kontakte etwas vorselektieren wollen (oder sogar noch enger: „Freunde").

■ „Diese Anwendung benötigt": eine reine Information, aber nicht uninteressant. Je mehr persönliche Informationen eine Anwendung benötigt, desto kritischer sollte man ihr gegenüber sein. Oder einfacher: kurze Liste – gute Liste.

■ „Diese Anwendung kann zudem": Die Option, dass die App in Ihrem Namen etwas postet, können Sie mit einem Klick auf das Kreuz rechts entfernen.

■ „Letzter Datenzugriff": Wohl eine Info, wann Sie das letzte Mal gespielt haben? Mitnichten! Hier steht, wann die App das letzte Mal Ihre Daten abgerufen hat und welche.

■ „Benachrichtigungen": Hier haben Sie meist die Wahl zwischen „Ja" oder „Nie". Wenn die Anwendung beginnt, Sie mit Mails zu belästigen, schalten Sie hier auf „Nie". Kritisch ist das Thema aber nicht.

■ Ganz unten können Sie die App aus Ihrem Profil löschen oder melden (Spam, anstößige Inhalte, aber auch: Fehlerinfos an den Entwickler).

4. Anwendungen, die andere Nutzer verwenden

Die Erläuterung in dem Abschnitt klingt etwas kryptisch: Andere Nutzer können meine Information „mitnehmen" und an andere Anwendungen übergeben. Wir sind hier im Herz der Profiltransparenz von Facebook angekommen. Klicken Sie auf „Bearbeiten" – und Sie sehen, worum es geht: Um nahezu alle persönlichen Details zu einem Profil. Aus diesen unzähligen Details sich ein Bild von Ihnen, Ihren Ansichten, Wünschen, Bedarfen, Abneigungen etc. zu machen ist zwar nicht einfach – aber es geht und es wird gemacht.

Aus „analytischer" Sicht und ganz kalt gesprochen sind das traumhafte Verhältnisse. Ein fortlaufender Strom von Aktivitäten, Kommentaren, Bildern, Gefühlsäußerungen, Beziehungen und vielem mehr – der Forscher jubiliert!

Unser Rat: Demarkieren Sie alles! Jedes Häkchen sollte hier weg. Und vergessen Sie nicht, „Änderungen speichern" am Schluss zu klicken.

Der Preis, den Sie für diesen Privatsphäreschutz zahlen, ist, dass Sie nun viel Werbung und Anwendungsvorschläge sehen werden, die Sie wirklich gar nicht interessieren. (Je mehr Häkchen, desto maßgeschneiderter werden die Werbeangebote.)

5. „Umgehende Personalisierung"

Das Thema ist „abendfüllend", es bietet viel Stoff für Diskussionen. Im Kern geht es darum, dass Facebook ausgewählten App-Partnern (zum Beipsiel tripadvisor) ohne weitere Rückfrage öffentliche Daten Ihres Profils automatisch zur Verfügung stellt (wenn die App aufgerufen wird).

Wir haben uns mit einigen Webseiten zusammengetan, um dir großartige, personalisierte Erfahrungen zu ermöglichen, sobald du diese aufrufst, wie zum Beispiel das sofortige Abspielen von Musik, die dir gefällt, oder das Anzeigen von Rezensionen deiner Freunde. Um deine Erfahrung anzupassen, greifen diese Partner nur auf öffentliche Informationen zu (wie deinen Namen und dein Profilbild) und auf andere Informationen, die du öffentlich zugänglich gemacht hast.

Wenn du die folgenden Webseiten das erste Mal aufrufst, wird dir eine Benachrichtigung angezeigt, die dir die Möglichkeit gibt, die Personalisierung zu deaktivieren:

- Bing - **Soziale Suche**
- Pandora - **Personalisierte Musik**
- TripAdvisor - **Soziale Reisen**
- Yelp - **Orte-Rezensionen von Freunden**
- Rotten Tomatoes - **Filmrezensionen von Freunden**
- Clicker - **Personalized TV Recommendations**
- Scribd - **Soziale Onlinebücherei**
- Dokumente - **Gemeinsames Arbeiten an Dokumenten**
- Zynga - **Soziale Spiele (The Ville, Zynga Slingo und 13 weitere Spiele)**
- Kixeye - **Soziale Spiele (War Commander und Battle Pirates)**
- EA - **Soziale Games (SimCity Social)**
- Plarium - **Social Games Stormfall: Age of War, Total Domination und Pirates: Tides Of Fortune**
- Playdom - **Soziale Spiele (Full Bloom und Mobsters: Criminal Empire)**
- Playdemic - **Soziale Spiele (Village Life)**
- Wooga - **Soziale Spiele (Monster World)**
- GSN - **Soziale Spiele (Games by GSN)**
- Happy Elements - **Soziale Spiele (富贵兵世)**
- Fun+ - **Soziale Spiele (Royal Story)**
- Williams Interactive - **Soziale Spiele (Jackpot Party Casino Slots)**
- King - **Soziale Spiele (Pyramid Solitaire Saga)**
- Playtika - **Soziale Spiele (Caesars Casino)**

Um die umgehende Personalisierung auf allen Partnerseiten zu deaktivieren, entferne den Haken in dem Kästchen unten.

☑ **Umgehende Personalisierung auf Partnerseiten zulassen.**

Klicken Sie auf „bearbeiten", und nach einem kurzen eher werblichen Text sehen Sie die Liste dieser Apps der ausgewählten Partner. Aktuell sind es 21 (wobei Spiele-Partner wie Zynga für mehrere Apps stehen).

Zwar sind nicht alle dieser 21 Partner bzw. ihre Apps kritisch. Aber zum Beispiel die mobile Version von tripadvisor ist von uns in Sachen Datenschutz kritisch bis sehr kritisch eingestuft worden (test 5/2013, „App ins Blaue").

Hinzu kommt, dass Facebook diese Liste 2012 ohne weitere Info einfach verlängert hat. Man darf also fragen: Wer wird Anfang 2014 auf dieser Liste stehen? Und in den Jahren darauf? Mit der Zustimmung hat man Facebook eine Art Freifahrtticket ausgestellt. Die sichere Lösung ist, den Haken unten zu entfernen.

Die andere Lösung ist, den Haken zu lassen und sich zu vergewissern, dass die Sichtbarkeit Ihrer Aktivitäten, dort, wo es möglich ist, mindestens auf „Freunde von Freunden" eingestellt ist. (Klick auf kleines blaues Dreieck oben rechts, „Einstellungen" wählen, Klick auf „Privatsphäre" links, „Wer kann meine Inhalte sehen?" entsprechend bearbeiten.)

6. Alte Handyversionen von Facebook

Wir denken nicht, dass für Sie als Einsteiger dieses Kapitel sehr relevant ist. Darum belassen wir es bei dem kurzen Rat: Klicken Sie auf „Bearbeiten" und stellen Sie die Sichtbarkeit von „Öffentlich" auf „Freunde".

Und was ist mit Spielen?

Hier können wir uns kurz fassen, denn Spiele sind auch nur Apps, Anwendungen. Alles, was wir im letzten Kapitel zu Apps ausgeführt haben, passt hier darum genauso. Welche Spiele sollten Sie wählen, welche meiden? Orientieren Sie sich hier einfach an unseren Empfehlungen zum generellen Thema: „Eine App auswählen".

VERANSTALTUNGEN

Veranstaltungen haben wir schon im Kapitel zu Gruppen behandelt. Aber Sie müssen natürlich nicht erst eine Gruppe gründen, nur um eine Veranstaltung zu erstellen. Zu Ihrem Geburtstag zum Beispiel können Sie einfach alle Facebook-Freunde einladen – oder auch nur einige davon.

Was ist überhaupt eine Veranstaltung aus Sicht von Facebook?

„Wir treffen uns zum Chatten morgen Vormittag um 10 auf Facebook" – das ist eine Veranstaltung, genauso wie „Abstimmung der Änderung der Vereinssatzung mit allen Mitgliedern, Dienstag, 18 Uhr, im Vereinshaus" und „Mein Junggesellen-Abschied, Freitag ab 18 Uhr im Wirtshaus zum lustigen Eber".

Die Veranstaltungen-Seite

Im Mittelpunkt Ihrer Veranstaltungen steht Ihre Veranstaltungen-Seite. So gehen Sie vor, um dahin zu kommen.

■ Klicken Sie auf „Startseite".

■ Markieren Sie in der linken Seitenleiste „Veranstaltungen". Vielleicht müssen Sie zunächst auf „Mehr anzeigen …" klicken, aber eigentlich sollte „Veranstaltungen" gleich sichtbar sein.

Oben rechts sehen Sie ein kleines Zahnrad. Hier können Sie einige Einstellungen vornehmen (zum Beispiel, dass abgesagte Termine nicht mehr im Kalender angezeigt werden sollen).

Eine Veranstaltung erstellen

Für eine Veranstaltung braucht man Namen, Ort, Datum und Gäste. Und genau das wird im Menü zum Erstellen einer Veranstaltung festgelegt.

So gehen Sie vor, wenn Sie eine Veranstaltung erstellen wollen:

■ Gehen Sie auf Ihre Veranstaltungen-Seite.

■ Klicken Sie oben auf „+ Veranstaltung erstellen".

■ In dem sich öffnenden Fenster nehmen Sie alle Einstellungen für die Veranstaltung vor. Wichtig sind Name, Ort (so genau es geht) und Datum, meist auch die Uhrzeit.

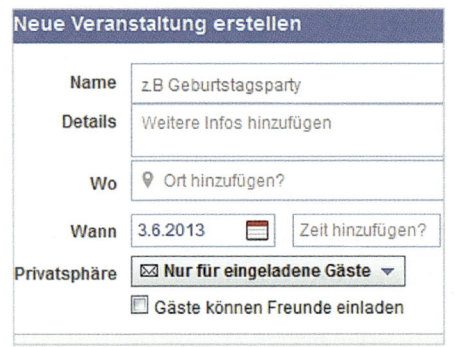

Und jetzt kommen die eigentlich schwierigen Fragen (wie auch im richtigen Leben): Wen einladen? Und wen nicht? Und wer erfährt, wer eingeladen wurde und wer nicht?

Facebook bietet hier recht flexibel Auswahlmöglichkeiten. Wir stellen drei typische Veranstaltungsarten vor:

Der handverlesene Kreis; Sie kontrollieren zu 100 Prozent, wer kommen darf. Wählen Sie die Freunde per Hand via „Freunde einladen", Privatsphäre: „Nur für eingeladenen Gäste", und keine Markierung in „Gäste können Freunde einladen". Die Eingeladenen erfahren, wer noch eingeladen ist – und niemand sonst.

■ Herbert wird hierzu per E-Mail eingeladen, er erhält auch eine Benachrichtigung in Facebook. Und mindestens ebenso wichtig: Die anderen Freunde von Peter und Herbert erfahren nichts von diesem etwas konspirativen Treffen.

Der gesellige Abend; Sie machen eine Startauswahl, aber die Informationen dürfen sich „herumsprechen". Wählen Sie wieder die Freunde per Hand aus, aber stellen Sie die Privatsphäre auf „Freunde von Gästen". Dann ist Ihr Event auch für die Freunde der Eingeladenen sichtbar und „buchbar" (sie können teilnehmen).

■ In dieser Mail sehen Herbert und Michael, dass der jeweils andere auch eingeladen ist.
■ Inge Holzapfel-Schlumberger als Freundin von Michael sieht ebenfalls diese Veranstaltung in ihrer Chronik.
■ Sie kann teilnehmen, obwohl sie nicht aktiv eingeladen wurde, denn sie ist mit einem Eingeladenen befreundet. Und als Teilnehmerin (wenn sie auf „Teilnehmen" geklickt hat) kann sie selbst wieder ihre Freunde einladen.

Das Straßenfest; hier legen Sie nur den organisatorischen Rahmen fest – der Rest muss sich ergeben. Stellen Sie die Privatsphäre auf „Öffentlich". Hier kann schlicht jeder, der dies liest, auch an der Veranstaltung teilnehmen.
■ Der Event wird zwar nicht bei jedem Facebook-Mitglied in der Chronik erscheinen. Aber alle Ihre Freunde werden ihn sicher auf ihrer Veranstaltungs-Seite sehen. Die Sichtbarkeit im Übrigen hängt von den individuellen Einstellungen Ihrer Freunde und deren Freunde ab.
Als „Gast" gilt übrigens jeder, der eingeladen wurde, aber auch, wer zu- oder abgesagt hat.

An einer Veranstaltung teilnehmen

Es ist leicht, an einer Veranstaltung teilzunehmen:

■ Als aktiv Eingeladener habe ich die Wahl zwischen Zusage, Ablehnung und „Vielleicht".

■ Sehe ich den Event nur als Info in meiner Chronik (wie Inge eben), kann ich auch teilnehmen – oder es halt bleiben lassen. Nehme ich teil und hat der Veranstalter die Privatsphäre auf „Freunde von Gästen" gestellt, kann ich meine Freunde nun wieder aktiv einladen.

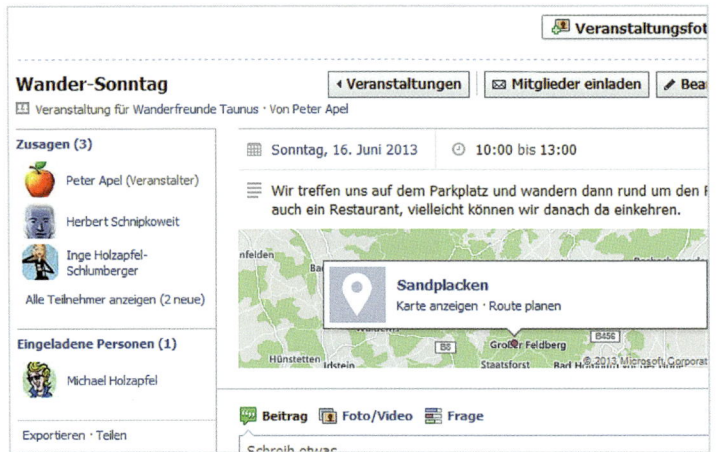

Mit einem Klick auf die Veranstaltung können alle Gäste den aktuellen Teilnahmestatus und weitere Details sehen.

DIE FACEBOOK-SUCHE NUTZEN

Unter „Facebook-Suche" kann man verschiedene Dinge verstehen:

■ Die Suche innerhalb von Facebook

■ Die Suche im Internet mit Facebook als Plattform

■ Die Suche mithilfe des Facebook-Wissens

Die Suche innerhalb von Facebook

Hierfür gibt es die Suchzeile, die immer, wenn Facebook aufgerufen ist, oben mittig und prominent zu sehen ist. Sie haben im Prinzip zwei Suchoptionen:

■ Eingabe des Suchbegriffs (auch Wortteile) und Return auf Ihrer Tastatur drücken. Dann werden alle Treffer zum Suchbegriff angezeigt, gegliedert nach der Kategorie (Personen, Fanseiten, Veranstaltungen, Gruppen etc.).

■ Eingabe des Suchbegriffs und Klick auf die Lupe rechts daneben. Dann erscheint links eine Filterleiste, über die die Suche eingeengt werden kann. Bei vielen Treffern ist das hilfreich.

Die Suche im Internet mit Facebook als Plattform

So wie Sie eben mit der Lupe eine spezielle Kategorie für die Suche ausgewählt haben, können Sie auch „Internet-Suche" im Suchfilter auswählen. Facebook verwendet Microsofts „bing".

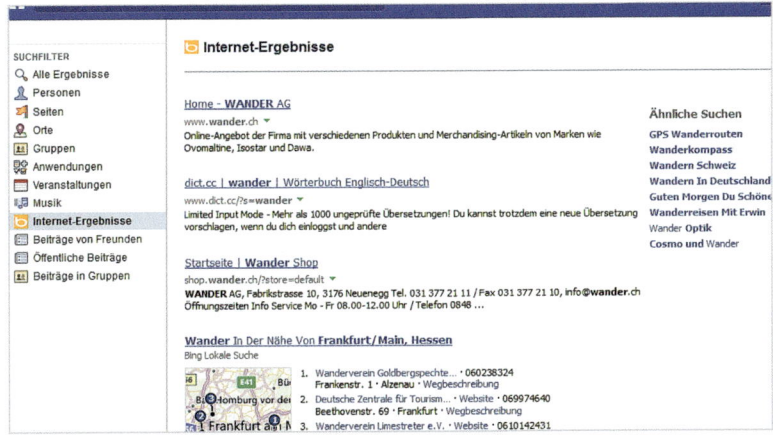

Wie Google wertet bing die IP-Adresse aus und macht dem Autor hier Vorschläge im Umland von Frankfurt. Wenn Sie „Wander" als Suchbegriff eingeben und via bing im Internet suchen, werden Sie wohl andere Ergebnisse bekommen – weil Sie woanders wohnen.

Die Suche mithilfe des Facebook-Wissens

Facebook hat bereits 2012 eine neue, „revolutionäre" Suche angekündigt, den „social graph" (<soschil graf>). Wir haben hier an verschiedenen Stellen, besonders im Kapitel zu Apps, über die wirklich gigantischen Analysemöglichkeiten berichtet, die Facebook auf Basis unserer Profil- und Nutzungsdaten hat. Mit dem social graph bekommen wir Zugang zu einem Teil dieses immensen „Facebook-Wissens aus Vernetzung". Die Funktion hätte bis Mitte 2013 freigeschaltet werden sollen – dies ist aber bis zum Redaktionsschluss noch nicht geschehen. Sie können sich jedoch über den social graph und Wege, ihn frühzeitig zu nutzen, via Facebook-Hilfe informieren:

- Klicken Sie auf das kleine blaue Dreieck rechts oben.
- Wählen Sie „Hilfe".
- Geben Sie ins Textfeld „social graph" ein. (Die Suche geht schneller, wenn Sie noch ein Leerzeichen am Schluss einfügen.)
- Wählen Sie das Thema, für das Sie sich interessieren.

MIT FACEBOOK NACHRICHTEN VERSCHICKEN

Facebook ist ein soziales Netzwerk, darum schreibe ich meine Erlebnisse und Pläne und vieles mehr in meine Chronik. Ich „poste" es, und wer vorbeikommt, kann es lesen. Doch Facebook erlaubt auch die direkte Ansprache von Personen – sogar auf verschiedene Weisen.

Direktnachrichten

Direktnachrichten sind die „natürlichste" Art, in Facebook Nachrichten zu verschicken. Sie stellen das Mail-Programm von Facebook dar. Man könnte also auch einfach „E-Mail" sagen. Im Prinzip kann man über Direktnachrichten also jeden erreichen, der eine E-Mail-Adresse hat. Doch üblich ist (wenn überhaupt) der Nachrichtenaustausch innerhalb von Facebook.

So verschicken Sie eine Direktnachricht in Facebook
- Gehen Sie auf Ihre Startseite oder in Ihre Chronik.
- Wählen Sie in der linken Seitenleiste den Eintrag „Nachrichten".
- Klicken Sie auf „+ Neue Nachricht".

■ Geben Sie den Namen des Empfängers in die obere Zeile „An" ein. Sie können den Namen schreiben oder einfach irgendeine Mail-Adresse.

■ Wenn die gesuchte Person unter den Vorschlägen ist, markieren Sie sie. Wenn kein Facebook-Nutzer mit diesem Namen gefunden wird, muss im „An"-Feld eine gültige, normale E-Mail-Adresse stehen (vorname.name@domain.de), damit die Mail ankommt.

Drücken Sie nach der Eingabe der vollständigen Mail-Adresse auf Return. Die Adresse wird in einem kleinen Kasten dargestellt. Mit dem x kann man diesen Empfänger wieder entfernen.

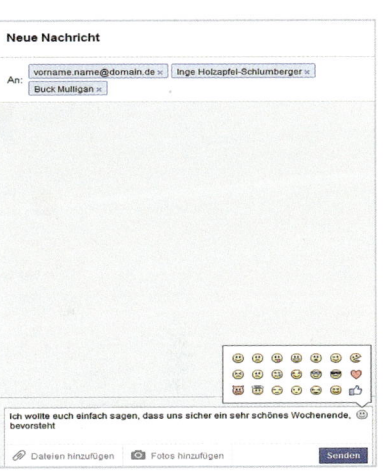

■ Sie können auf die gleiche Weise bis 20 Personen in die Adresszeile einfügen.

■ Ganz unten schreiben Sie nun Ihre Nachricht. Sie können Fotos und Dateien an die Nachricht anhängen.

■ Um die Nachricht zu versenden, drücken Sie schließlich rechts unten auf „Senden".

Rechts in der Abbildung sehen Sie drei Empfänger. „Vorname Name" gibt es natürlich nicht, aber die Eingabe wird anstandslos übernommen. Inge ist eine Freundin des Absenders, sie wird schon nach der Eingabe von „An" erkannt. Buck ist kein Freund, aber er ist mit der angegebenen Mail-Adresse bei Facebook bekannt, darum sehen wir auch für ihn seinen Facebook-Nutzernamen.

Der erste Empfänger findet die versendete Mail in seinem normalen E-Mail-Eingangskorb. Freundin Inge findet sie in ihrem Nachrichtenbereich im Standardpostfach für Freunde. Und Buck findet diese Mail im Nachrichtenordner „Sonstiges", da er nicht mit dem Absender oder einem Freund des Absenders befreundet ist. Der Smiley-Kasten öffnet sich, wenn man auf das Symbol in der rechten oberen Ecke des Textfelds klickt.

Auf eine Direktnachricht antworten

Der große freie Platz zwischen Empfänger oben und Nachrichtentext unten wird bei fortschreitendem Dialog (Facebook nennt das

„Unterhaltung") mit den vorangegangenen Nachrichten gefüllt. Links sehen Sie eine Antwort an Herbert Schnipkoweit.

Angezeigt werden die bisherigen Mails an Herbert. Unten steht die neue Nachricht, mit „Antworten" wird sie versendet. Wie man zu dieser Antwortansicht kommt, wird im folgenden Kapitel vorgestellt.

Direktnachrichten organisieren

Facebook legt für all diese Direktnachrichten Ordner an. Alle neuen Nachrichten von Freunden liegen zunächst im Standardpostfach, es heißt einfach „Postfach". Hier sind die Freunde aufgeführt, mit denen Korrespondenz gepflegt wird, der mit der aktuellsten Nachricht ganz oben. Sichtbar ist links pro Freund ein verkürzter Vorschautext der frischesten Nachricht. Die Freunde sind sozusagen „Unterordner" des Standardpostfachs. Mit einem Klick auf einen Freund öffnet sich die „Unterhaltung" mit ihm, und in der Mitte stehen alle ausgetauschten Nachrichten.

Neue Nachrichten liegen zusätzlich im Postfach „Ungelesen". „Ungelesen" öffnet man über das Menü unter „Mehr" am linken Rand. Gelesene Nachrichten werden dann aus „Ungelesen" entfernt.

Unter „Mehr" gibt es noch die Ordner „Archiviert" und „Spam". Die Zuordnung zu diesen Ordnern muss der Facebook-Nutzer selbst vornehmen. Diese Aktionen beziehen sich dann auch auf die ganze Unterhaltung, nicht nur auf eine Nachricht.

Und dann ist da noch der Ordner „Sonstiges". Hier landen fast alle Nachrichten von Personen, mit denen Sie nicht befreundet sind. Diese Nachrichten drängen sich also nicht so auf wie Botschaften von Freunden. (Im Ordner „Ungelesen" sind sie aber trotzdem.)

Nachrichtenfilter

Der Ordner „Sonstiges" soll Nachrichten der Freunde trennen von anderen, zum Teil eher unerwünschten Nachrichten. Doch Facebook druckst bei der Beschreibung etwas herum. Es heißt da unscharf, „meistens" werde so gefiltert, aber nicht immer. Dann nämlich nicht, wenn uns die Nachricht doch sehr interessiert.
Es werden ein paar leidlich plausible Beispiele genannt (etwa Nachrichten von Gruppenmitgliedern). Wer hier noch etwas tiefer bohrt, erfährt, dass man mit „Zahlungen" verhindern kann, in den Ordner der uninteressanten Nachrichten verschoben zu werden.

Optionen

Wenn Sie auf der Nachrichtenseite links eine Unterhaltung markieren (Unterhaltungen werden durch Profilbild und Namen des „Gesprächspartners" sowie einen Miniausschnitt der letzten Nachricht dargestellt), dann erscheint oben rechts, neben dem Feld „+ Neue Nachricht", noch das Wort „Optionen", zwischen Zahnrad und Dreieck.

+ Neue Nachricht	✷ Optionen
Als ungelesen markieren	
Im Chat öffnen	
Nachrichten weiterleiten ...	
Nachrichten löschen ...	
Unterhaltung löschen ...	
Unterhaltung stumm schalten ...	
In „Sonstiges" verschieben	
Archivieren	
Spam oder Missbrauch melden ...	
Tastenkombinationen	
Feedback	

Das Menü, das sich jetzt öffnet, ist recht umfangreich. Schauen wir es genauer an.

■ „Als ungelesen markieren": fügt die „Ungelesen"-Markierung wieder zu der frischesten Nachricht der gewählten Unterhaltung hinzu und kopiert die Nachricht in den Ordner „Ungelesen". Diese Aktion kann auch direkt an der Unterhaltung ausgelöst werden. Gleiten Sie mit der Maus über eine Unterhaltung am linken Rand, dort erscheinen zwei Handlungsoptionen: „Als ungelesen markieren" und „archivieren".

■ „Im Chat öffnen": wird im nächsten Abschnitt vorgestellt. Mit dem markierten Freund wird jedenfalls nun ein Chat (<tschätt>) begonnen.

■ „Nachrichten weiterleiten": fügt vor alle Nachrichten einer ausgewählten Unterhaltung ein Auswahlkästchen. Man markiert so
die Nachrichten, die weitergeleitet werden sollen, klickt auf „weiter", gibt einen oder mehrere Empfänger an und klickt auf „weiterleiten".

■ „Nachrichten löschen": Auf die gleiche Weise kann man auch
Nachrichten zum Löschen auswählen.

■ „Unterhaltung löschen …": Die markierte Unterhaltung (links)
wird nach einer Sicherheitsabfrage gelöscht.

■ „Unterhaltung stumm schalten …": Ein Beispiel für gelegentli-
che Nachlässigkeiten beim Übersetzen. Klicken Sie mal! Die Funktion schaltet Benachrichtigungen auf mobilen Endgeräten ab. So
werden ungewollte Chats vermieden.

■ „In 'Sonstiges' verschieben: entfernt eine Unterhaltung aus
dem „guten" Postfach für Freunde und Freunde von Freunden und
legt sie bei den Unterhaltungen mit wenig bekannten Personen ab.

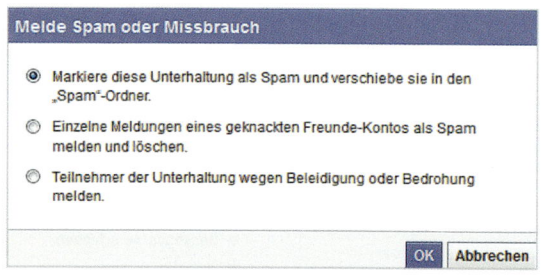

■ „Archivieren": verschiebt eine Un-
terhaltung in den Ordner „archiviert".
Diese Aktion kann auch direkt an der
Unterhaltung ausgelöst werden.

■ „Spam oder Missbrauch mel-
den …": Hier gibt es drei Optionen, die
Sie in dieser Abbildung sehen.

■ Wir nehmen zur Kenntnis, dass Konten von Freunden also „geknackt" werden können und dass Beleidigungen

und Bedrohungen möglich sind – und hoffen, dass wir diese Mel-
dungsoptionen nie brauchen werden. Tatsächlich sind dem Autor
bisher noch keine entsprechenden Anlässe begegnet.

■ „Tastenkombinationen": Facebook bietet (wie viele andere
Programme auch) die Möglichkeit, besonders häufig verwendete
Aktionen mit sogenannten Tastenkombinationen auszulösen. Das
englische Wort ist hier besser: „Shortcuts" (<schortkats>, Abkür-
zungen). Auf diese Weise kürzt man den mehrfachen Wechsel
Tastatur – Maus – Tastatur ab und gewinnt so Zeit, im Sekunden-

bereich. Bei Facebook ist das eher eine Funktion für echte Spezialisten, die wenigen Sekunden sollten wir uns nehmen.

■ „Feedback": Feedback (<fiidbekk>) bedeutet ungefähr „Rückmeldung". Über diese Option können Sie an Facebook melden, wenn Ihnen etwas an den Facebook-Nachrichten nicht gefällt, insbesondere, wenn ein Problem aufgetreten ist.

Sie haben Post!

Facebook als soziales Netzwerk will natürlich die Kommunikation unter den Mitgliedern fördern, wo es nur geht. Sie können fünf Benachrichtigungen und mehr für eine Direktnachricht erhalten. So können Sie benachrichtigt werden:

■ Per E-Mail. Sie deaktivieren diese Benachrichtigung über die allgemeinen Einstellungen, die Sie über das kleine blaue Dreieck rechts oben erreichen. Es ist eine Frage des persönlichen Geschmacks, ob man solche Benachrichtigungen aktiviert oder deaktiviert.

■ Wählen Sie im Abschnitt E-Mail-Adresse „Nur Benachrichtigungen zu deinem Konto…" und schließen Sie das Fenster.

■ Über eine sogenannte Push-Nachricht (<pusch>, wörtlich etwa „Schub", „schieben"). Push-Nachrichten werden uns ohne eigenes Tun „zugeschoben". Sie sind plötzlich da, wir rufen sie nicht selbst ab, wie wir das bei sogenannten Pull-Nachrichten tun (<pull>, ziehen). Push-Benachrichtigungen direkt oder auf Ihr mobiles Telefon zu erhalten, setzt zunächst voraus, dass die Handy-

Nummer überhaupt bei Facebook bekannt ist. Wenn nicht, gibt es auch keine Benachrichtigungen auf diesem Weg. Wenn ja, dann schalten Sie sie (wenn Sie das wollen) im Optionenmenü über den Menüpunkt „Unterhaltung stumm schalten …" aus. Ob Sie das so wollen, ist wieder eine Geschmacksfrage. Leider geht das nur „unterhaltungsweise", also nicht global für alle Push-Benachrichtigungen. Allerdings können Sie in Ihrem Handy einstellen, ob es überhaupt Push-Meldungen empfangen darf. Und in der Facebook-App für Mobilgeräte gibt es weitere Einstellungen dazu.

■ Wenn ein Handy bei Facebook angemeldet ist, können SMS-Benachrichtigungen aktiviert werden.

■ Kleine Hinweise auf der Startseite und in Ihrer Chronik sind ebenfalls Benachrichtigungen. Ein Suchbild: Finden Sie die drei kleinen Ziffern „1"! Sie beziehen sich alle auf eine Direktnachricht von Herbert Schnipkoweit. Das ist wohl kaum belästigend, aber Fakt ist: Es wird viel „signalisiert" bei jeder Nachricht.

Allerdings: Für Nachrichten, die in das Postfach „Sonstiges" gelegt werden (meist also Nachrichten von völlig Unbekannten), gibt es keine Benachrichtigungen.

Die eigene E-Mail-Adresse in Facebook

Jedes Facebook-Mitglied bekommt sofort bei der Registrierung „seine" E-Mail-Adresse, die wie jede andere E-Mail-Adresse funktioniert. So finden Sie Ihre E-Mail-Adresse:

■ Gehen Sie auf Ihre Chronik.

■ Klicken Sie in dem Quermenü auf „Info" (der Reiter rechts neben „Chronik").

■ Unter „Kontakt" finden Sie Ihre Facebook-E-Mail-Adresse. Sie wurde gleich bei der Registrierung angelegt.

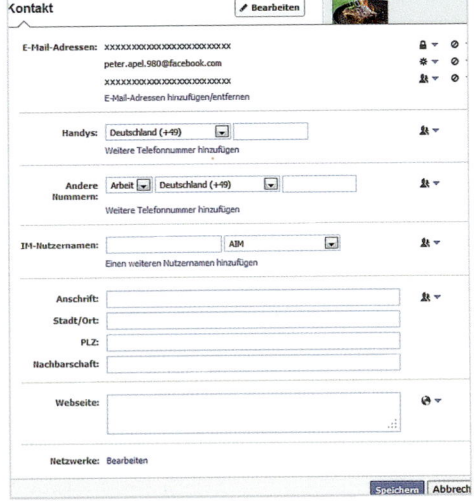

Die Sichtbarkeit der E-Mail-Adresse sehen Sie, wenn Sie auf „Bearbeiten" klicken. Hier können Sie die Sichtbarkeit auch modifizieren. „Sichtbar für Freunde" hatten wir schon eingestellt. Aber „Sichtbar in der Chronik" (die jeder sehen kann) sollten wir noch deaktivieren. Klicken Sie neben Ihrer Facebook-E-Mail-Adresse den offenen Kreis ganz rechts und ändern Sie das auf „In der Chronik verborgen". Speichern Sie unten.

Natürlich können Sie hier auch sehr liberale Einstellungen vornehmen, viele Informationen angeben und große Sichtbarkeit zulassen (von postalischen Adressdaten raten wir aber ab! „Besuch" wollen Sie ja nicht kriegen). Ihre Facebook-Kommunikation wird dann eben „geselliger". Wenn man so will, ist das eigentlich sogar der Zweck von sozialen Netzen: mehr und intensivere Kontakte.

Der Nutzername

Mit Ihrer Registrierung haben Sie eine Facebook-Webseite angelegt. Wie jede Webseite hat sie eine sogenannte URL, eine Webadresse. Die URL Ihrer Webseite ist https://facebook.com/nutzername. Und Ihre E-Mail-Adresse lautet nutzername@facebook.com.

„Nutzername" scheint eine wichtige Zeichenkette zu sein. Wenn wir uns registrieren, erzeugt Facebook aus unserem (richtigen) Namen diesen Nutzernamen. Am einfachsten ist die Kombination vorname.nachname. Und wenn das schon belegt ist, werden halt hinten immer höhere Zahlen angefügt. Bei „Peter Apel" wurde

„980" angefügt. 979 andere „Peter Apel" waren also schon vor dem Autor hier.

Doch niemand will gern eine Zahl sein. Darum können Sie Ihren Nutzernamen ändern – allerdings nur einmal! Voraussetzung ist zudem, dass Ihr Konto via Handy und SMS „bestätigt", also über ein anderes Medium als das Internet verifiziert ist.

Zur Handy-Bestätigung kommen wir später. Hier lautet zunächst die Empfehlung: So wichtig ist der Nachrichtenaustausch via Facebook nicht. Und auch die Webseite mag formal „Ihre" Webseite sein – es bleibt eine Facebook-Seite. Eine wirklich „eigene Webseite" würde natürlich anders aussehen.

Lassen Sie darum Ihren Nutzernamen zunächst so, wie er ist, Sie haben nur einen Schuss! Wenn Sie sich später „raecherderenterbten" nennen wollen, können Sie das immer noch tun.

Chat

Wir kennen es aus Filmen („E-Mail für Dich" zum Beispiel). Zwei Helden schicken sich, begleitet vom sanften „Ping" des Eingangssignals kleine Nachrichten hin und her, von Laptop zu Laptop, von Bett zu Bett. Doch E-Mails im eigentlichen Sinne sind das gar nicht! Es sind Sofortnachrichten, „Instant Messages" (<instent messädschis>), ausgetauscht über ein Chat-Programm.

Freunde, die zeitgleich mit Ihnen in Facebook angemeldet sind, können Sie auch via Chat ansprechen. Das ist eigentlich alles.

Sehen, welcher Freund Chat-bereit ist

Um zu chatten, muss jemand da sein, mit dem man chatten kann. Im neuen Design ist die „Chat-Leiste" links (früher war sie rechts). Unten sieht man das kleine Chat-Fenster. Und darüber sehen wir FreundIn Inge und neben Inge ist ein grüner Punkt: Inge ist in Facebook angemeldet. Sie ist also (formal gesehen) Chat-bereit.

Warum „formal gesehen"? Weil viele Menschen den ganzen Tag über in Facebook angemeldet bleiben. Morgens in der U-Bahn loggt man sich mit dem Handy ein und spät abends wieder aus – wenn überhaupt. Über die tatsächliche Erreichbarkeit sagt der kleine grüne Punkt also nicht viel.

Chat-Kontakt aufnehmen

Wir klicken auf „Inge", nun öffnet sich rechts unten ein neues Fenster.

Sofortnachrichten sind kurz. Damit wir das nie vergessen, hat uns Facebook nur sehr wenig Platz zugewiesen. Mit „Return" schicken wir die Sofortnachricht ab. Nun heißt es warten. Doch zum Glück nicht lange, nach wenigen Sekunden kommt wieder etwas bei uns an.

Inge hat noch auf den Smiley im Textfeld (das kleine Mondgesicht rechts) gedrückt und den Daumen hoch gewählt, um zu motivieren.

Das kann jetzt so munter weitergehen im Hin und Her, die aktuellste Nachricht wird immer unten angefügt. Bilder können auch integriert werden, dafür ist die Kamera da. Sollte Inge irgendwann keine Lust mehr haben und sich abmelden, dann gehen die folgenden Sofortnachrichten wie ganz normale Direktnachrichten in ihr Postfach. Verloren geht also nichts!

Die passionierten Anwender haben ihre Chat-Leiste immer im Auge und sind während anderer Tätigkeiten gleichzeitig immer noch „am Chatten". Darum sind diese Dialogfelder auch an den Rand gequetscht: Die „normale" Arbeit am PC geht in der Bildschirmmitte die ganze Zeit weiter. Und ebenso beliebt ist es, während eines Spiels sich sozusagen „hinter dem Rücken des Spiels" via Chat mit anderen Spielteilnehmern abzustimmen.

Optionen für den einzelnen Dialog

Oben in der Dialogbox für den Chat ist ein kleines Zahnrad. Gehen wir die verschiedenen Optionen kurz durch:

■ „Dateien hinzufügen ..." führt direkt zum Dateimanager, damit die Datei ausgesucht werden kann.

■ „Freunde zum Chat hinzufügen ..." Es öffnet sich ein Eingabe-feld für den Namen des Freundes. Das gleiche Feld öffnet sich, wenn man oben die Doppel-Silhouette mit dem +-Zeichen klickt. An einem Chat können auch mehr als zwei Freunde teilnehmen. Das kann recht lustig werden – und schnell ein ziemliches Nach-richtendurcheinander. Jeder kann seine Freunde einladen, nicht alle Teilnehmer eines Chats sind also miteinander befreundet.

■ „Chat für Inge ausschalten: Mit dieser Funktion kann der Chat-Partner vom weiteren Dialog ausgeschlossen werden.

■ „Vollständige Unterhaltung anzeigen": Das kleine Chat-Fens-ter unten rechts wird nun groß in der Mitte angezeigt.

■ „Unterhaltung stumm schalten": Wirkt wie bei Direktnachrich-ten: Es werden keine Benachrichtigungen mehr ausgelöst.

■ „Fenster leeren": Alle bisherigen Chat-Beiträge werden im Chat-Fenster gelöscht. Die Unterhaltung selbst bleibt im Nachrich-tenbereich erhalten.

■ „Als Spam oder Missbrauch melden ...": Vorsicht! Normaler-weise erscheint bei dieser Option ein Auswahlmenü, um die Art des Missbrauchs genauer zu beschreiben. Hier nicht! Hier geht die Spammeldung mit dem ersten Klick sofort raus.

Chat-Erreichbarkeit und weitere Einstellungen

Rechts unten in der Chat-Leiste ist auch ein kleines Zahnrad, darü-ber werden die allgemeinen Chat-Einstellungen gesteuert. Für den Einsteiger gibt es aus unserer Sicht hier nicht viel zu ändern.

VERBINDUNG ZU ANDEREN SOZIALEN NETZEN

Wer in mehr als einem Netzwerk aktiv ist, der will seine tollen Nachrichten, Fotos, Videos etc. nicht in jedem Netzwerk neu schreiben müssen. Einmal gepostet, sollen es gleich alle seine Freunde in allen Netzen lesen können, nicht nur die im aktuellen Netzwerk. In der Tabelle sehen Sie, was da aktuell möglich ist.

FACEBOOK-VERBINDUNGEN ZU ANDEREN SOZIALEN NETZEN			
	Vom anderen Netz zu Facebook	**Von Facebook zum anderen Netz**	**Login via Facebook**
Erläuterung	Für einige soziale Netze gibt es die Möglichkeit der automatischen Beitragsweiterleitung an Facebook: Beiträge aus dem einen Netz erscheinen dann kurz darauf auch bei Facebook.	Für einige soziale Netze gibt es die Möglichkeit der Weiterleitung von Facebook, sodass Beiträge von Facebook dann kurz darauf auch in dem anderen Netz erscheinen.	Manche Webseiten und Netze bieten ein „social login", d.h. man braucht sich hier nicht separat zu registrieren, sondern kann das Netz über bereits bestehende Login-Daten (z. B. von Facebook) nutzen.
Google+	Möglich mit einem Zusatzprogramm unter dem Internetbrowser „Chrome"	Keine Möglichkeit bekannt	Nein
Twitter	Möglich mit einer konkreten Funktion in Twitter	Möglich mit einer konkreten Funktion in Facebook	Nein
wer-kennt-wen	Möglich über den Umweg „Twitter". WKW tauscht sich sehr einfach mit Twitter in beide Richtungen aus.		Nein
VZ-Netze: studiVZ, meinVZ, BilderVZ	Möglich über den Umweg „Twitter". studiVZ und meinVZ tauschen sich sehr einfach mit Twitter in beide Richtungen aus.		Nein
Stayfriends	Für einen Austausch von Beiträgen ist keine Möglichkeit bekannt. Aber bestehende Kontakte können zwischen den Netzen getauscht werden.		Ja
Xing	Keine Möglichkeit bekannt		Nein
LinkedIn	Möglich über den Umweg „Twitter". Allerdings berichten LinkedIn-Mitglieder, dass es nicht immer funktioniert.	Das Facebook-Profil kann in den LinkedIn-Stammdaten genannt werden (ist als Link dann aufrufbar). Eine Möglichkeit, Beiträge zu übergeben, ist nicht bekannt.	Nein

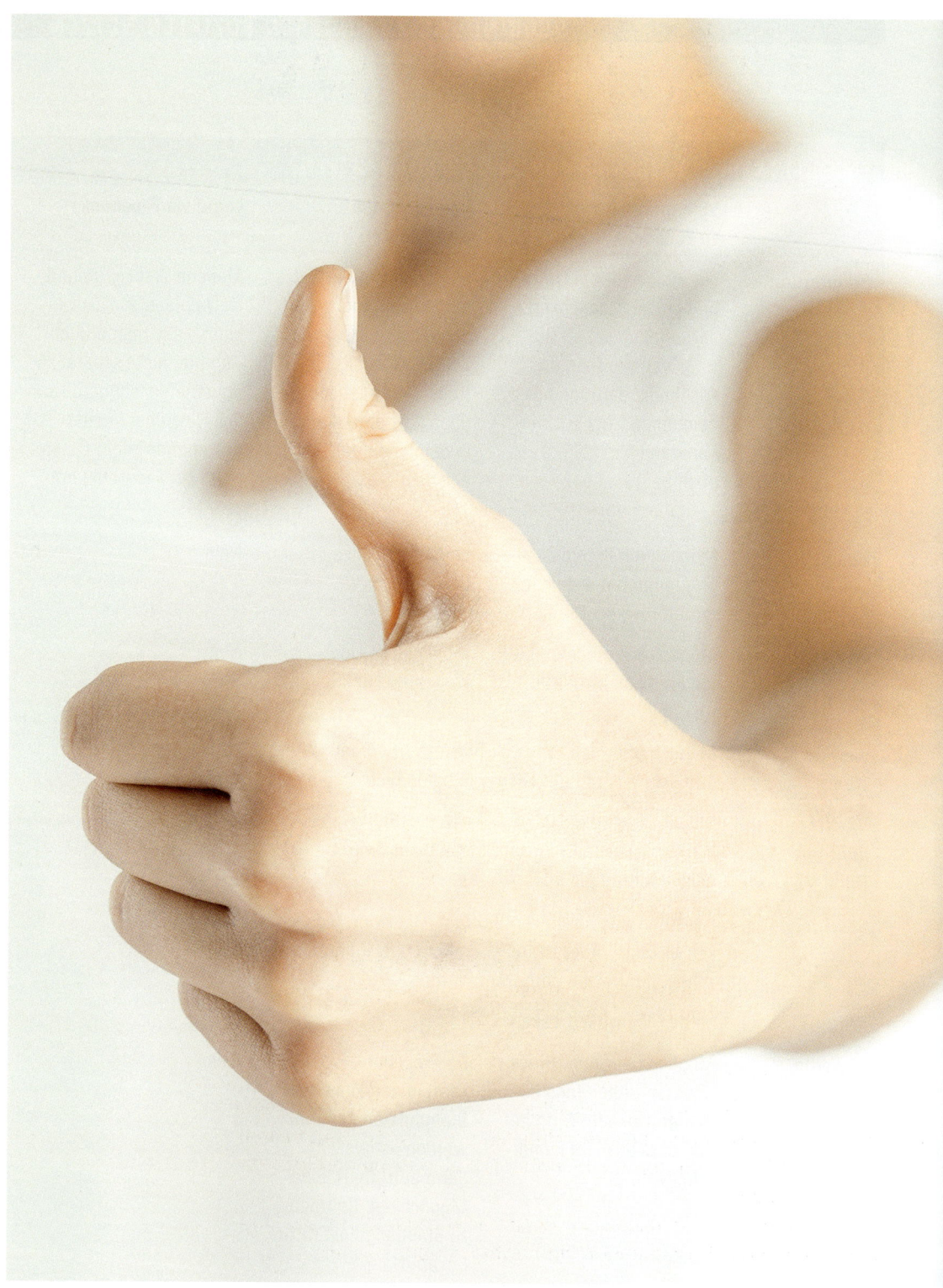

VIEL FREUDE
MIT FACEBOOK

Facebook soll uns Spaß machen, neue Freunde zuführen und neue Erfahrungen ermöglichen. Damit das von Anfang an gelingt, geben wir Ihnen hier Tipps und Anregungen – und bremsen Sie bei zu ehrgeizigen Zielen. Freude und eine lockere, entspannte Grundeinstellung gehören auch hier, wie so oft, zusammen.

WIE MAN KOMMUNIZIERT

Kommunikation in sozialen Netzen ist nicht wie Telefonieren, nicht wie Briefe- oder E-Mail-Schreiben und schon gar nicht wie das persönliche Gespräch. Soziale Netze haben ihre eigene „Atmosphäre", an die man sich erst gewöhnen und die man sich in Teilen auch erst erarbeiten muss.
Wer die ersten Gehversuche in einem sozialen Netz unternimmt, wird hier nicht gleich ein Querfeldeinrennen gewinnen. Haben Sie also Geduld mit sich! Und versuchen Sie, Schritt für Schritt Ihren eigenen Stil zu finden.

Was soll man posten – und was nicht?
Zunächst: Schreiben Sie regelmäßig „etwas" – mindestens dreimal pro Woche und höchsten dreimal pro Tag. So lernen Ihre Freunde: Sie sind immer präsent, aber Sie sind keine nervtötende Quasselstrippe.
Wenn Sie nur gelegentlich zum Posten kommen: Dienstag, Donnerstag und das Wochenende sind gute Facebook-Tage.

Und worüber soll man schreiben? Orientieren Sie sich an Beiträgen, die Sie selbst gern lesen. Versuchen Sie dann, über ähnliche Dinge zu schreiben.

Berichten Sie über Veranstaltungen, die Sie besuchen (Konzert, Kino, Kochkurs etc.). Sie sind beim Kegeln leider Pudelkönig geworden? Ein guter Anlass für einen Beitrag, vielleicht mit Bild von den stehenden Kegeln. Generell gilt: Ein Bild bei Ihrem Beitrag, das springt ins Auge und füllt nicht den ganzen Bildschirm. Ein freundlicher Kommentar dazu, vielleicht ein Zitat, sowas kommt an.

Wenn Sie zum Beispiel etwas gepflanzt, gebastelt oder gekocht haben: Das „Kunstwerk" etwas nett ins Licht stellen (draußen ist besser als drinnen), Foto machen und mit einem einfachen Satz („Für mich soll's rote Rosen regnen", „Hoffentlich schmeckt das Inge", „Achtung, Baustelle!") posten.

Schreiben Sie über positive Erlebnisse, schöne Events, nette Menschen. Ärger mit der/dem Ex? Das gehört nicht in Facebook, auch wenn unglaublich böse Arglist und Liebesbetrug dabei waren. Zwar reiben sich alle anderen die Hände, wenn öffentlich schmutzige Wäsche gewaschen wird, aber Sie werden schon bald denken: „Hätte ich das doch bloß nie gepostet!"

Schreiben Sie nicht schlüpfrig, auch wenn andere da vielleicht Vorlagen liefern und Sie doch „unter sich" sind. Und schreiben Sie nicht grob, verletzend oder beleidigend. Auch wenn der Betroffene das unter Umständen gar nicht sieht – es wirft ein Licht auf Sie!

Generell: Angriffe auf Personen gehören nicht in Facebook. Es ist das ideale Medium für Mobbing und Intrige – gerade darum sollte man es unterlassen.

Seien Sie vorsichtig mit Themen aus Politik und Religion. Da können manche sehr empfindlich werden.

Ebenfalls bei vielen sehr unbeliebt sind weitergeleitete Promotions, Anzeigen, Sonderangebote, Schnäppchen. Vielleicht ist das T-Shirt mit 4,99 Euro wirklich extrem günstig. Aber Ihre Freunde pflegen ja gerade ihren eigenen Kreis mit Mühe und Sorgfalt, um hier Werbebelästigungen aus dem Weg zu gehen. Das Risiko ist groß, dass man so schnell von der Liste der guten Freunde entfernt wird.

Bleiben Sie authentisch, bei den Themen, bei der Sprache, bei Fotos. Persönliche Bekannte sollen Sie ja noch wiedererkennen. Versuchen Sie nicht krampfhaft witzig oder besonders geistreich zu sein.

Und: Geben Sie sich beim Schreiben ein wenig Mühe! Es muss wahrlich nicht druckreif sein, eine lockere Sprache ist sogar willkommen. Doch zumindest grobe Rechtschreibfehler sollten vorm Veröffentlichen entfernt werden. Als Leser bekommt man sonst den Eindruck, Ihre Beiträge seien ein wenig zu lässig hingeschludert. Facebook selbst bietet übrigens keine Rechtschreibhilfe, aber für die meisten Browser gibt es entsprechende „Add-ons".

Wenn Sie selbst das Gefühl haben, das ist mal ein Beitrag, für den Sie eigentlich den großen Facebook-Beitragsorden mit Schleife verdient hätten, dann können Sie ihn hervorheben. Dazu fahren Sie einfach mit der Maus über den Beitrag und markieren dann das Sternchen oben rechts. Das konkrete Beispiel hier ist nicht wirklich hervorhebungswürdig. Mit einem erneuten Klick macht man das schnell rückgängig.

Und wie kommentiert man die Beiträge der anderen?

Schreiben Sie „Hurra!" zu Erfolgen, loben Sie neue Fotos, gebackene Kuchen und gewechselte Winterräder, trösten Sie bei Misserfolgen, drücken Sie Daumen vor Prüfungen, gratulieren Sie zu jedem plausiblen Anlass. Seien Sie megaempathisch!

Kommentieren Sie stets so, dass sich Ihr Freund nicht veräppelt vorkommt. Es darf etwas spöttisch sein, aber Sympathie sollte immer erkennbar durchklingen.

Seien Sie nicht rechthaberisch. „So kann man das natürlich auch sehen …" ist ein guter Anfang, wenn Ihnen jemand widerspricht.

Und das letzte Wort beim Facebook-Ping-Pong müssen Sie auch nicht unbedingt haben – so verlockend es ist, schnell noch einmal „…und sie bewegt sich doch!" hinterherzukrähen… Für viele ist Facebook noch immer mit der Welt der jungen Leute verbunden, es wird jeder geduzt. Facebook selbst benutzt auch durchgängig das Du. Sie müssen das nicht übernehmen. Sie sollten es auch nicht, wenn Sie die Person im richtigen Leben mit „Sie" anreden würden.

Facebook will das Kommentieren noch farbenfroher machen und hat deshalb nun auch Fotos in Kommentaren ermöglicht.

Ein Fotokommentar springt natürlich mehr ins Auge als nur eine lapidare Textzeile.

Wie es euch gefällt

„Gefällt mir" ist eine schnell geworfene Online-Kusshand, machen Sie davon Gebrauch wie der Prinz im Karneval! Alles, was Sie interessiert hat, hat Ihnen doch irgendwie gefallen. Da kann schon mal der Daumen hoch.

Nette Fotos, interessante Berichte, komische Situationen, all das ist ein kleines Lob wert. Facebook nimmt keine Gebühren dafür, wir müssen nicht geizen. Jemand hat einen Beitrag von Ihnen auf nette Art kommentiert? Da muss der Daumen sogar hoch, sozusagen als Dankeschön. Und ganz ehrlich: Sie freuen sich doch wirklich, also nur Mut! Sie vergeben sich nichts.

Vorsicht ist nur geraten, wenn um das „Gefällt mir" gebeten wird und schon 4 300 Gleichgesinnte mitmachen. Dann sollen Sie vor irgendeinen halb professionellen oder unseriösen Karren gespannt werden – machen Sie das Spielchen nicht mit!

Vorsicht beim Teilen

Wenn Sie etwas teilen, dann machen Sie es damit zu Ihrer Story, zu Ihrem Beitrag. Tun Sie das nur, wenn es wirklich zu Ihrem Stil passt, zu der Art, wie Sie sich in Facebook zeigen wollen.

Gute, originelle, frische Beiträge, direkt verfasst von einem Freund, sind sehr gute Kandidaten für das Teilen. Schreiben Sie selbst noch etwas dazu, so dokumentieren Sie Ihr Engagement in der Sache. Weitergereichte Cartoons und Youtube-Videos sind schon nicht mehr so zu empfehlen. Die Chancen sind hoch, dass dieses Video vor zwei Jahren schon mal die Runde machte und Ihre Freunde eher gelangweilt reagieren.

Die nächste Warnstufe ist bei krebskranken Tschernobyl-Kindern, brandgerodeten Regenwäldern, Tierversuchen an Kaninchen und Massakern an Robbenbabys erreicht. Diese Dinge sind alle furchtbar – aber genau diese menschliche Reaktion von uns wird hier zu undurchsichtigen Aufrufen, Gefällt-mir-Sammlungen und Teilaktionen im Schneeballsystem missbraucht. Die Ziele solcher Aktionen sind unterschiedlich (manchmal steckt eine einfache Wette dahinter), aber wenn die Fotos und Videos in der Anlage groß genug sind, kann das Netzwerk auch spürbar eingebremst werden.

Auf einem ähnlichen Niveau bewegen sich die Falschmeldungen, auch „Hoax" genannt. Hier wird nicht mit unserem Mitgefühl, sondern mit unserer Angst gearbeitet, die Idee ist die gleiche. „Leiten Sie das unbedingt weiter und warnen Sie Kollegen! Ihr Betriebssystem ist höchstwahrscheinlich auch betroffen!" So etwas kann im Netz Schaden auslösen, aber auch lokal in den Netzwerken und Intranets der Betriebe, den Heimnetzwerken und auf den privaten PCs.

Im Zweifel weiß Ihr Virenscanner früher als Ihre Facebook-Freunde, was da für ein neuer Teufel unterwegs ist. Sie haben doch ein Anti-Virus-Programm? Das ist ein Muss! (In Ausgabe 4–2013 der Zeitschrift „test" haben wir 18 Programme vorgestellt. Immerhin 6 von diesen erhielten bei unserer Untersuchung die Note „gut".)

Und wenn irgendwelche Anlagen, Dateien, Filme an solch zweifelhaften Beiträgen hängen: Keinesfalls öffnen!

EIN FREUND, EIN GUTER FREUND ...

„Je mehr Freunde ein Mensch auf Facebook hat, desto beliebter ist er." Das ist wirklich Unfug! Es ist aus so vielen Gründen unsinnig, dass wir es hier gar nicht weiter erörtern wollen. Aber richtig ist auch: Ganz verbannen können wir solche Gedanken aus unserem Gehirn nicht. Wer 20 Freunde hat, schaut vermutlich schon etwas bewundernd-neidisch auf den mit 120 Freunden.
Unsere Botschaft ist hier: Machen Sie sich frei von dieser Wettbewerbssicht! Ein Freundeskreis wächst Schritt für Schritt. Gerade am Anfang kann es etwas zäh vorangehen. Aber alles wird sich mit der Zeit in die gewünschte Richtung entwickeln. Viel ist nicht immer besser. Qualität geht vor Quantität, auf die richtigen Freunde kommt es an. Und die sind nun mal ein knappes Gut! Im Folgenden nun ein paar Tipps, wie Sie über die ersten Starthürden beim Freundefinden hinwegkommen.

Ihr Adressbuch ist ein Schatz
Facebook würde liebend gerne Ihr gesamtes Adressbuch mit allen E-Mail-Adressen und Telefonnummern durchkämmen. Sie werden immer wieder dazu aufgefordert werden (Stichwort „Freunde-Finder"). Und Sie sollten immer wieder stark sein und nicht nachgeben!
Natürlich stehen in Ihrem Adressbuch Kandidaten für eine Facebook-Freundschaft. Aber Sie sollten jeden Freundschaftskandidaten individuell ansprechen und so jedem gerecht werden. Sie wollen ja auch nicht gern von einem Standardtext zur Freundschaft eingeladen werden.
Arbeiten Sie also von Hand Ihr Adressbuch durch. Jeder, mit dem Sie in Facebook gern befreundet wären, muss einzeln gesucht und kontaktiert werden.
Wie man in Facebook Personen sucht, wissen Sie: Einfach den Namen oben ins Suchfeld eingeben und Return drücken. Wenn die/der Richtige gefunden ist, auf „+FreundIn hinzufügen" klicken, dann wird die Freundschaftsanfrage versendet.

Alternativ können Sie manche sicher auch anrufen, etwas Small-talk machen und dann mit „Du, ich probier übrigens gerade Face-book aus, ist ganz lustig!" zum Punkt kommen. Je nach Reaktion kann man die Freundschaftsanfrage so bei einigen schon vor-bereiten.

Offline-Kontakte

Auf Partys und Gesellschaften können Sie zum Beispiel das Thema auf Facebook lenken und sich dann je nach Gesprächsentwick-lung „outen". Hier ergeben sich oft gute Ansatzpunkte für Face-book-Freundschaften.

Wenn Sie neue Visitenkarten oder persönliches Briefpapier erstel-len: Nehmen Sie Ihre Facebook-E-Mail-Adresse bei den Adressda-ten mit auf! Es stimmt doch: So sind Sie auch erreichbar. Und ei-nen modernen Eindruck macht es zudem!

E-Mail als Werkzeug

Sie schreiben E-Mails? Sie haben sich eine automatische Signatur zugelegt, die immer am Ende einer Mail erscheint (zum Beispiel mit Ihrer Telefonnummer)? Dann fügen Sie jetzt Ihre Facebook-Mail-Adresse hier dazu. Sie können unten sogar etwas schreiben wie: „Besuchen Sie mich auf meiner Facebook-Seite: https://face-book.com/nutzername". (Ihren Nutzernamen, meist „vorna-me.nachname", finden Sie neben der Chronik im Bereich „Info".) Und Sie können auch gelegentlich Mails direkt auf der Facebook-Nachrichten-Seite verfassen und von dort aus abschicken. Etwa, wenn Sie ein nettes Foto gepostet haben: Verschicken Sie es so auch an Menschen, die Sie noch nicht auf Facebook gefunden ha-ben, an Externe sozusagen.

Gruppendynamik

Zu welchen Themen würden Sie sich gerne in Facebook austau-schen? Ihre Hobbys, Ihre Ausbildung, Ihre Lebensphase sind da gute Anhaltspunkte. Suchen Sie hierzu Gruppen mit einem ähnli-chen Fokus.

Geben Sie Ihr Thema oben im Suchfeld ein, klicken Sie auf die Lupe rechts daneben und wählen Sie links „Gruppen". Schauen Sie sich die Treffer an. Ist etwas dabei, das Sie zum Mitmachen anregt? Offenen Gruppen können Sie direkt beitreten, bei geschlossenen wird ein Antrag gestellt. Auf diesem Weg werden die Freundschaften nicht garantiert, aber es kann klappen. Versuchen Sie Ihr Glück!

Sie gefallen mir, Sie gefallen mir sogar sehr

Romy Schneider konnte diesen Satz zu Burkhard Driest sagen (in einer der ersten Talkshows Deutschlands, 1974, „Je später der Abend"), aber geht es auch in Facebook? Können wir fremde Menschen, nur weil sie irgendetwas Kluges oder Lustiges gesagt haben, zur Freundschaft einladen? Wenn Sie Seite an Seite in einem Spiel schon irgendwelche Aliens bekämpft, Schafe geschoren oder Pokerturniere gewonnen haben – warum nicht? Als Mitglied einer Gruppe, in der Sie schon einige Tage (besser Wochen) aktiv sind – auch hier spricht nichts dagegen. Aber machen Sie keine Masseneinladung für alle Gruppenmitglieder daraus, sondern laden Sie Einzelne ein, die, die Sie schon ein wenig kennen, einen nach dem anderen.

In einer offenen Unterhaltung sollten Sie vorsichtiger sein. Geblockt oder gar gemeldet werden wegen Stalkings, das wollen Sie nicht. Gerade wenn Sie das andere Geschlecht ansprechen, ist das ein heikles Thema. Leider bietet Facebook nicht die Möglichkeit, die Freundschaftsanfrage mit einem Text zu begleiten. Sie müssen also bei solchen Nahezu-Blind-Dates darauf vertrauen, dass Ihre bisherigen Beiträge und Ihr Profil einen guten Eindruck machen (schauen Sie sich Ihr öffentlich sichtbares Profil darum auch mal unter diesem Blickwinkel an: „Wie nett wirke ich hier eigentlich?"). Der Angefragte nimmt Ihre Anfrage entweder an, lehnt mit „Nicht jetzt" aktiv ab – oder ignoriert schlicht Ihre Anfrage. Für Sie ist die Wirkung in letzteren beiden Fällen gleich: Sie sehen „Freundschaftsanfrage gestellt" und können dieser Person keine weitere Anfrage stellen.

Sie haben sich gut versteckt

So, wie Sie Menschen in Facebook suchen, so suchen vielleicht auch andere nach Ihnen. Können die Sie finden? Das hängt von Ihrem Profil ab, von den Einstellungen wie den Inhalten:

1. Ihre Profileinstellungen. Wir hatten die Suchmöglichkeiten auf „Freunde" beschränkt und den Suchmaschinenzugriff abgeschaltet. Aus Diskretionsgründen ist das gut. Um gefunden zu werden, ist es schlecht. Sie könnten die Suche auf „Freunde von Freunden" ausdehnen und befristet, so lange der Aufbau eines ersten Freundeskreises läuft, auch Suchmaschinen den Zugriff erlauben. Denn manch einer könnte Sie doch über Google & Co suchen.

2. Ihre Profilinhalte. Sind sie aussagefähig, erkennt man Sie sofort? Es sollte irgendwo eine leidlich eindeutige Textinformation in Ihrem Profil öffentlich sichtbar sein, mit der man Sie von den anderen Menschen Ihres Namens bei Facebook unterscheiden kann. So gehen Sie vor, um das zu überprüfen und anzupassen:

■ Gehen sie auf Ihre Chronik (Profilbild klicken).

■ Klicken Sie auf „Informationen bearbeiten" (rechts im Hintergrundbild).

■ Klicken Sie weiter unten im Feld „Über dich" auf „Bearbeiten".

■ Tragen Sie im Textfeld etwas ein, an dem Bekannte Sie wahrscheinlich erkennen und stellen Sie die Sichtbarkeit auf „Öffentlich".

■ Klicken sie auf „Speichern".

Wie so häufig bei Facebook ist es auch hier wieder eine Gratwanderung: Je mehr Informationen Sie in Ihr Profil eingeben, desto plastischer und interessanter werden Sie für andere und desto attraktiver ist es, mit Ihnen befreundet zu sein. Niemand liebt eine graue Silhouette.

Aber: Alles, was die, die Sie finden sollen, sehen, das sehen auch die, die Sie nicht finden sollen. Doch solange Sie nicht Ihre vollständige Vita in Facebook lassen, sondern ein Foto und ein paar Eckdaten – das ist in Ordnung.

Manche Menschen erfassen in Facebook übrigens ganz bewusst falsche Profildaten. Es fängt beim Geburtstag an (sehr beliebt 1.4.), geht über kleine Modifikationen im Namen (Willy statt Willi) bis hin zum Geschlecht (Wiltraud statt Willi). Je weiter Sie sich mit solchen „Tricks" von der Realität entfernen, desto wahrscheinlicher finden Sie weder die Werbetreiber (das wollen Sie vermutlich) noch Ihre Freunde (das wollen Sie vermutlich nicht).

FREUNDE UND IHRE BEITRÄGE SORTIEREN

Sie haben sich (hoffentlich) an die meisten Ratschläge hier gehalten und nun schon einen kleinen, soliden Freundeskreis aufgebaut. Möglicherweise werden es sogar langsam so viele, dass Sie bereits aufpassen müssen, wem Sie eigentlich was sagen oder zeigen wollen.

Und fast noch schlimmer: Es sind möglicherweise einige „Quasselstrippen" unter Ihre Freunde geraten, die so viel posten und kommentieren, dass Sie manchmal Sorge haben, die wirklich interessanten Beiträge zu übersehen. Sie wollen denen nicht gleich die Freundschaft kündigen. Aber bei einigen die „Frequenz" etwas runterzuregeln, das wäre vielleicht ganz gut.

Facebook bietet Ihnen hier verschiedene Optionen. Sie können einerseits für jeden einzelnen Freund entsprechende individuelle Einstellungen vornehmen.

Doch Sie können Ihre Freunde auch in Listen zusammenfassen und für die Listen dann Ihre Kommunikationseinstellungen (Empfangs- wie Sendeeinstellungen) vornehmen.

Wir werden hier jetzt beide Wege vorstellen. Machen Sie sich erst mit den Individualmethoden vertraut, sie sind die Grundlage für viele Listeneinstellungen.

Individuelle Einstellungen für die Kommunikation

Ob individuell oder organisiert in Listen, bei diesen Einstellungen geht es immer um zwei Fragen.

■ Erstens: Was sieht mein Freund von mir?

Für diese Frage gibt es die Privatsphäreeinstellungen. Hier werden Ihre Sichtbarkeits- und Sendefilter gesetzt. Dieser Teil ist recht sensibel. Wenn von Datenschutz die Rede ist, dann sind oft diese „Sende- und Sichtbarkeitsthemen" betroffen.

■ Zweitens: Was sehe ich von ihm?

Diese Frage betrifft den eigenen Empfang, was bei Ihnen von anderen ankommt. Hier laufen Sie zwar nicht Gefahr, mit falschen Einstellungen zu durchsichtig oder irgendwie peinlich berühmt zu werden. Doch Sie können „taub und blind" werden bei einer zu liberalen Nachrichtenflut. Es sind dann einfach zu viele Signale und Informationen, die täglich ankommen, als dass Sie noch Ihre individuelle Kommunikation kontrollieren und steuern könnten. Auch dieses Thema will also ernst genommen werden.

Individuelle Privatsphäreeinstellungen

Ihre „Sichtbarkeits- und Sendefilter" (was sieht wer von Ihnen?) steuern Sie hauptsächlich in den Einstellungen Ihres Kontos. Es sind Ihre „globalen" Einstellungen, sie gelten nicht für Einzelpersonen, sondern generell.

Sie können allerdings Einzelpersonen von diesen generellen Filterregeln ausnehmen, als eine Art individueller Sonderfall. Diese Sonderfälle sind immer negativ im Sinne von „Alle dürfen das sehen, nur xyz nicht". Für solche Ausschlüsse muss „xyz" übrigens kein Freund sein. Sie können jede Person in Facebook von Ihrer Kommunikation ausschließen.

Um solche „negativen Sonderfälle" festzulegen, klicken Sie auf das kleine blaue Dreieck oben rechts und dann auf „Einstellun-

gen". Links sehen Sie eine längere Liste von Einstellungsbereichen, uns interessiert hier die Dreiergruppe, die mit „Privatsphäre" beginnt.

In den Untermenüs, die sich hier bei einem Klick öffnen, können solche negativen Sonderfälle festgelegt werden. Der Ablauf ist dabei stets ähnlich: In einem kleinen Auswahlfenster kann man bestimmte Zielgruppen festlegen („Öffentlich", „Freunde" etc.).

Eine davon heißt „Benutzerdefiniert", und wenn man die wählt, dann können Personen in einem Ausschlussfeld namentlich aufgeführt werden. In der Abbildung links sehen Sie ein Beispiel.

Hier wird Inge von der globalen Einstellung „Freunde von Freunden" ausgeschlossen. Die Wirkung dieser Einstellung ist, dass die Freunde der Freunde alle Beiträge des Kontoinhabers sehen können, nur eben Inge nicht.

In „Chronik und Markierungseinstellungen" gibt es zwei Stellen (siehe Ellipse in Abbildung links), an denen Sie Einzelpersonen ausschließen können. Im Bereich „Privatsphäre" haben wir den Kreis der Personen eingeschränkt, die unsere eigenen Beiträge lesen können. Hier geht es nun darum, wer

Beiträge und Markierungen anderer in unserer Chronik lesen darf – und wer nicht.

„Blockieren", der dritte Einstellungsbereich, ist die ganz harte Art, eine Person von der eigenen Kommunikation auszuschließen. Mit einer Blockade ist jede Freundschaft beendet (wenn denn eine da war). Die blockierte Person kann in Facebook auf keinem Weg mehr mit Ihnen in Kontakt treten. Sie wird zwar nicht über Ihre Blockade informiert, aber wenn bisher zwischen Ihnen ein wenig Kommunikation bestand, dann wird sie es wohl merken.

„Blockieren" ist die richtige Maßnahme, wenn Sie einen echten und hartnäckigen Störenfried in Ihrem Umfeld haben, jemanden, der Sie permanent belästigt oder gar „stalked". Für kleinere Streitfälle im erweiterten Freundeskreis ist es eher die berühmte Kanone, die einen Spatz anvisiert.

So weit die individuellen Sonderfallregelungen. Sie haben jetzt gesehen, wie Personen von Teilen der Kommunikation ausgeschlossen wurden.

Es gibt allerdings noch eine andere Art, einer einzelnen Person nur das Allernötigste von Ihren Beiträgen zu zeigen. Sie funktioniert aber nur bei Freunden. Stellen Sie sich hierfür zum Beispiel vor, Ihr Chef möchte mit Ihnen befreundet sein. „Nein" sagen können Sie schlecht, aber eigentlich soll er nicht mitkriegen, was Sie in Ihrer Freizeit alles für verrückte Sachen treiben.

Anderes Beispiel: der Expartner. Aus Sentimentalität wollen Sie ihn nicht „ent-freunden" oder blockieren, aber welchen Spaß Sie jetzt mit dem neuen Partner haben, geht ihn auch nichts an.

Die Lösung in beiden Fällen ist die Liste „Eingeschränkt". Freunde auf dieser Liste sehen nur Ihre öffentlichen Beiträge. So setzen Sie einen Freund auf die Liste „Eingeschränkt":

■ Gehen Sie auf Ihr Profil (klicken Sie dafür auf Ihr Profilbild).

■ Klicken Sie auf den Reiter „Freunde" im oberen Quermenü.

■ Suchen Sie den Freund, der auf die Liste soll.

■ Klicken Sie auf den Kasten „Freunde" mit dem kleinen Pfeil nach unten.

■ Es öffnet sich ein Fenster.

■ Wählen Sie „Zu einer anderen Liste hinzufügen …".

■ Es öffnet sich ein neues Fenster (nur wenn Sie mit der Maus „über" dieser Fläche bleiben. Sonst müssen Sie noch mal von vorne anfangen).

■ Klicken Sie auf „Eingeschränkt". Das Wort wechselt in Fettdruck, davor ist nun ein Haken. (Mit einem erneuten Klick entfernen Sie so einen Haken wieder.)

■ Klicken Sie auf „Zurück" und ziehen Sie die Maus „aus dem Kasten". Dadurch geht das Fenster wieder zu.

Wir haben auf diese Weise jetzt eben Inge auf die Liste „Eingeschränkt" gesetzt.

„Listen" werden wir noch ausführlich behandeln, aber „Eingeschränkt" ist ein Sonderfall, der hierher gehört. Und: Wen Sie auf welche Liste setzen, erfährt niemand. Hierüber gibt es keine Benachrichtigungen, und es steht nicht in Ihrer Chronik.

Individuelle Erreichbarkeitseinstellungen

Eben ging es darum, was andere von Ihnen sehen. Nun geht es um Ihren Empfang, um das, was Sie von anderen sehen. Auch hier können individuelle Filtereinstellungen vorgenommen werden. Es ist recht einfach. So stellen Sie ein, welche Neuigkeiten Sie von einem Freund sehen:

■ Gehen Sie auf Ihre Chronik (klicken Sie dazu auf Ihr Profilbild).

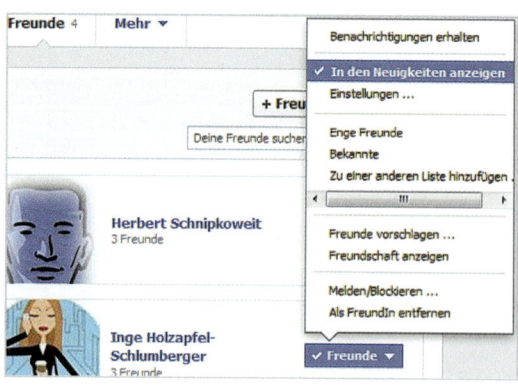

■ Markieren Sie den Reiter „Freunde" im Quermenü oben.

■ Suchen Sie den Freund, für den Sie die Einstellungen prüfen oder ändern wollen.

■ Klicken Sie auf das Feld „Freunde" mit dem kleinen Pfeil nach unten neben dem gefundenen Freund.

■ Sie sehen, „In den Neuigkeiten anzeigen" ist markiert, darunter steht „Einstellungen …".

■ Wenn Sie den Haken neben „In den Neuigkeiten …" wegklicken, dann verschwindet „Einstellungen …". Sie haben jetzt festgelegt, dass Sie von diesem Freund keine Neuigkeiten mehr hören oder sehen wollen. Weitere Einstellungen müssen und können in diesem Fall nicht vorgenommen werden. Aber das wollten wir ja gar nicht.

■ Klicken Sie den Haken also wieder „hin" und klicken Sie dann auf „Einstellungen" direkt darunter.

■ In dem neuen Fenster können Sie die Nachrichten, die Sie in den Neuigkeiten sehen, nun sowohl mengenmäßig als auch nach ihrer Art auswählen.

■ Die einzelnen Optionen sind weitgehend selbsterklärend. Sie wählen jeweils mit einem Klick und machen Ihre Wahl mit einem weiteren Klick wieder rückgängig.

■ Die Abbildung rechts zeigt unsere Standardempfehlung. Im Einzelfall können Sie ja weitergehen: Wenn einer Ihrer Freunde nur schlechte Fotos, geschmacklose Musik, debile Spiele oder dümmliche Kommentare von sich gibt – Sie wissen nun, wo Sie das abschalten.

Es gibt auch Sammeleinstellungen für das Thema Empfangsfilter. Hierfür werden wieder Listen verwendet. Es sind dies die beiden Listen „Enge Freunde" und „Bekannte".

■ Fügen Sie einen Freund den engen Freunden hinzu, dann bekommen Sie nahezu alle seine Beiträge angezeigt.

■ Und ordnen Sie ihn den Bekannten zu, dann sehen Sie nur die wichtigsten Beiträge von ihm.

Im nächsten Kapitel kommen wir auf diese speziellen Listen noch etwas ausführlicher zu sprechen.

Listeneinstellungen für die Kommunikation

So, wie Sie für einzelne Mitglieder individuell festlegen können, was die von Ihnen sehen und Sie von denen, so können Sie auch Freunde (und nur Freunde!) in Listen zusammenfassen und diese Festlegungen für die ganze Liste treffen.

Wir vermeiden hier bewusst das Wort „Gruppe", denn Listen haben mit Gruppen gar nichts zu tun. Jede Person in Facebook weiß (im Prinzip), in welcher Gruppe sie Mitglied ist. Und andere wissen es auch. Bei Listen ist es gerade umgekehrt. Niemand weiß und erfährt, wen Sie in welche Liste aufnehmen. Listen sind Ihr privater Setzkasten für Freunde.

Sie legen mit Listen fest, welche Meldungen der Listenmitglieder bei Ihnen angezeigt werden und welche nicht – eine Art Empfangsfilter.

Und ebenso legen Sie mit Listen fest, wer etwas von Ihnen sieht und hört. Das ist dann eine Art Sichtbarkeits- und Sendungsfilter. Einige Listen können übrigens sogar selbst erkennen, welcher Ihrer Freunde auf die Liste gehört und welcher nicht. Facebook nennt solche Listen „intelligent".

Wir werden das alles im Folgenden Schritt für Schritt vorstellen. Keine Angst, es sieht vielleicht zu Beginn etwas kompliziert aus, aber das ist es nicht. Und als letzte Vorbemerkung: Wenn Ihr Freundeskreis noch keine 50 Freunde umfasst, dann brauchen Sie Listen vermutlich gar nicht. Aber es schadet natürlich auch nicht, sich früh mit Listen vertraut zu machen.

Facebook hat bereits eine ganze Reihe von Listen automatisch für uns erstellt. Und mit weiteren Profilinformationen kommen oft wie von selbst neue Listen hinzu. Wenn Sie etwa jetzt einen alten Arbeitgeber anlegen – Facebook wird sofort eine Liste mit dessen Namen erstellen. In der können Sie dann Kollegen und Exkollegen zusammenfassen.

Zusätzliche Listen, um unsere Freunde zu sortieren, können wir natürlich auch selbst händisch erstellen. Die Zuordnung: Wer kommt in welche Schublade, also auf welche Liste, muss allerdings für jeden Freund einzeln erfolgen. Damit fangen wir an:

Einen Freund einer Liste hinzufügen

So ordnen Sie einen Freund einer Liste zu:

- Gehen Sie auf Ihre Chronik (klicken Sie dazu auf Ihr Profilbild).
- Klicken Sie auf den Reiter „Freunde" (im Quermenü oben).
- Suchen Sie den Freund, den Sie einer Liste hinzufügen wollen.
- Klicken Sie auf sein Bild oder seinen Namen. Sie sind jetzt in der Chronik Ihres Freundes.

■ In seinem Hintergrundbild ist ein Textfeld „Freunde" (wenn er kein Hintergrundbild hat, ist da ein grauer Verlauf).

■ Streichen Sie mit der Maus ohne Klick über dieses Textfeld.

■ Es öffnet sich ein Fenster mit einem etwas ungewöhnlichen Verhalten: Wenn die Maus den Fensterbereich verlässt, verschwindet das Fenster sofort. Man gewöhnt sich aber daran.

■ Uns interessieren hier zunächst nur die mittleren drei Einträge: „Enge Freunde", „Bekannte" und „Zu einer anderen Liste hinzufügen".

■ Mit einem Klick auf einen der ersten beiden Beiträge fügen wir Herbert dieser Liste hinzu, mit erneutem Klick wird er wieder entfernt. Aber stets ist nur eine Auswahl möglich. Man kann nicht enger Freund und Bekannter zugleich sein.

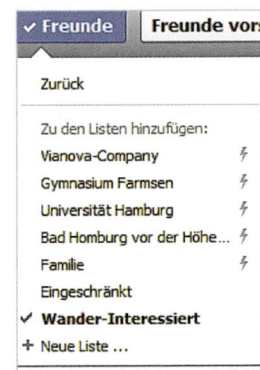

■ Mit einem Klick auf den dritten Eintrag geht ein weiteres Fenster auf, mit weiteren voreingestellten Listen. Diese Listen hat Facebook aus Ihren bisherigen Angaben automatisch erstellt. Auch diesen Listen wird Herbert wieder mit einem Klick hinzugefügt oder von ihnen entfernt. Hier sind jedoch Mehrfachzuordnungen möglich. Ein Facebook-Freund kann ja durchaus sowohl Familienmitglied wie auch Bewohner derselben Stadt sein.

■ An vorletzter Stelle steht der Eintrag „Wander-Interessiert". Den haben wir zuvor schon manuell hinzugefügt, „Wander-Interessiert" war nicht von Anfang an da. Sie können also selbst weitere Listen erfinden. Hierfür verwenden Sie den allerletzten Eintrag: „+ Neue Liste …" und geben den Namen einfach in das kleine Textfeld ein. Schließen Sie die Listenneuanlage mit „Return" ab. (Der Mauszeiger muss dabei über dem Fenster bleiben.) Nun wird auch die neue Liste in diesem Untermenü angezeigt.

■ Wir fügen Herbert der Liste „Wander-Interessiert" hinzu, markiert durch einen kleinen Haken und Fettdruck.

Empfangseinstellungen (1)

Wenn Sie viele oder gar alle Freunde in Listen sortiert haben, dann können Sie gezielt auswählen, welche Arten von Beiträgen (Facebook sagt „Meldungstypen") Sie von den Mitgliedern dieser Listen überhaupt erhalten wollen. Wir haben das eingangs den „Empfangsfilter" genannt.

So steuern Sie mit Listen, was Sie zu sehen bekommen:

■ Gehen Sie auf Ihre Startseite.

■ Rechts oben ist ein Feld „Neuigkeiten". Klicken Sie darauf und dann noch mal unten in dem sich öffnenden Fenster auf „Alle anzeigen".

■ Hier sehen Sie alle Listen, die derzeit für unser Konto bestehen. In der Mitte finden Sie auch die von uns händisch angelegte Liste „Wander-Interessiert".

■ Wir klicken auf diese Liste und in dem nun wieder geschrumpften Fenster oben rechts auf „Bearbeiten".

■ In dem sich öffnenden kleinen Fenster wählen wir „Meldungsarten auswählen …".

■ Hier können wir nun festlegen, welche Meldungen wir in Zukunft von Mitgliedern dieser Liste überhaupt empfangen wollen. Markiert sind alle „Meldungstypen", aber das kann man ja eben hier ändern. (Ein Klick entfernt den Meldungstyp, ein zweiter aktiviert ihn wieder.) Was soll man stehen lassen, was deaktivieren? Das hängt sehr von der speziellen Liste, ihren Mitgliedern und deren Verhalten ab. Und natürlich davon, was Sie interessiert.

Für das volle Facebook-Erlebnis sollten Sie hier aber nicht so viel entfernen, nicht für eine ganze Liste. Wenn einer Ihrer Freunde zehn Mal am Tag über seine gepflanzten Karotten und geschorenen Schafe in dem beliebten Spiel FarmVille berichtet, dann deaktivieren Sie „Spiele"-Meldungen eben bei der konkreten einzelnen Person. Wie das geht, wird im Kapitel „Individuelle Einstellungen für Freunde" behandelt.

Empfangseinstellungen (2)

Neben diesen „normalen" Listen, die Sie von Hand angelegt haben oder die Facebook automatisch (zum Beispiel ausgehend von Ihrem Wohnort) erstellt hat, gibt es noch drei „Speziallisten" bei Facebook: Es sind die Listen „Enge Freunde", „Bekannte" und „Eingeschränkt".

■ Von engen Freunden erhalten Sie deutlich mehr Meldungen als von „normalen" Freunden, nämlich nahezu alle Informationen, so uninteressant sie auch sein mögen. Die Liste „Enge Freunde", markiert mit einem Stern, ist gleich die erste, die Ihnen im Freundeorganisator (und entsprechenden Menüs) vorgeschlagen wird.

■ Von Bekannten erhalten Sie deutlich weniger Meldungen als von „normalen" Freunden, nämlich nur die wichtigsten. Die Liste „Bekannte" steht gleich unter der Liste „Enge Freunde". Facebook versteht „Bekannte" im Sinne von „entfernte Bekannte". Die Hierarchie ist also: Enge Freude – Freunde – Bekannte.

■ Für „eingeschränkte" Personen gibt es keine speziellen Empfangseinstellungen. Die Beiträge von Personen auf dieser Liste erscheinen bei Ihnen so häufig, wie die jedes anderen Freundes. Die Liste „Eingeschränkt" ist wichtig bei den Privatsphäreeinstellungen, bei der Publikumsauswahl, beim Senden also, nicht beim Filtern des Empfangs.

WICHTIGE MELDUNGEN

Was genau Facebook unter „Fast keine Meldungen", „Fast alle Meldungen", „Die wichtigsten Meldungen" genau versteht, ist nicht präzise bekannt. Aber im Hintergrund von Facebook arbeitet ein „Wichtigkeits-Algorithmus", der bestimmt, welche Meldungen wie wichtig für Sie sind. Hier fließen zahlreiche Faktoren ein, der Freundeskreis des Autors, die Anzahl der „Gefällt mir"-Markierungen und Kommentare zu dem Beitrag, Ihre Nähe zu dem Autor (Freund oder nur Freund von einem Freund) und noch manches mehr. Doch die Details werden nicht veröffentlicht. Facebook will sich hier wohl noch Steuerungsoptionen offenhalten (zum Beispiel für gut zahlende Werbekunden).

Sollten Sie die Listen „Enge Freunde" und „Bekannte" zur Steuerung der Meldungen, die bei Ihnen ankommen, nutzen?

■ Wenn Sie viele kommunikationsfreudige Freunde haben, kann es durchaus hilfreich sein, die Liste „Enge Freunde" zu nutzen. Sie ist dann am sinnvollsten, wenn sie kurz bleibt.

■ „Bekannte" sollten Sie erst verwenden, wenn die „falschen" Freunde laufend zu viel Stimmengewicht in Ihren eingehenden Meldungen haben. Sie sollten dann wohl oder übel die uninteressantesten von ihnen dem Ghetto „Bekannte" hinzufügen. Sie werden sehen: Es wird mit einem Schlag ruhiger!

Nutzen Sie diese Option aber mit Umsicht und eher schrittweise! Wenn Sie aus lauter Zorn über zu viel uninteressanten Blödsinn auf Ihrer Seite gleich Ihren halben Freundeskreis zu den „Bekannten" verbannen, kann es schnell zu leise, zu ruhig werden auf Ihrer Seite.

Bewahren Sie sich die Chance, auch unerwartete und überraschende Beiträge von entfernteren Freunden zu bekommen. Solche Beiträge können sehr anregend sein und neue Perspektiven öffnen. Sie sollten nicht komplett „ausgesperrt" werden.

Privatsphäreeinstellungen über Listen

Mit Listen können Sie Ihr Publikum, Ihr „Sendegebiet" für mehrere Freunde gleichzeitig steuern. An den meisten Stellen, an denen

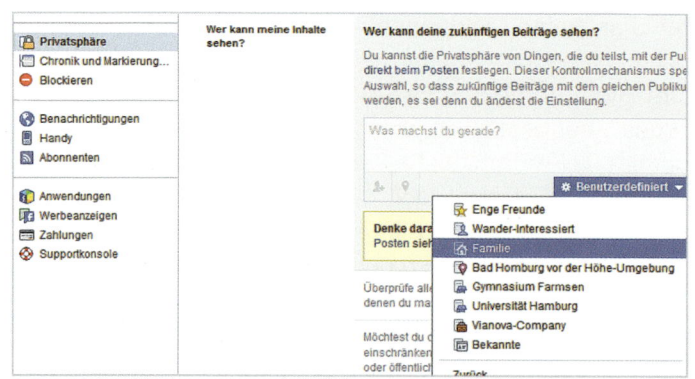

Sie Zielgruppen festlegen können, erreichen Sie über „Benutzerdefiniert" ein Auswahlmenü mit all Ihren Listen. So könnten Sie etwa festlegen, dass alles, was Sie schreiben und posten, nur von den Mitgliedern der Liste „Familie" gesehen werden darf.

Sie können das so oder so ähnlich in Ihrer Privatsphäre oder Chronik einstellen, aber wir raten davon ab – im Wesentlichen aus zwei Gründen:

■ Je differenzierter und „raffinierter" Ihre Einstellungen zur Sichtbarkeit und zum Empfang sind, desto größer ist die Wahrscheinlichkeit, dass Sie mit der Zeit etwas den Überblick verlieren. Groß ist auch die Wahrscheinlichkeit, dass Sie über die Wochen und Monate bei einigen neuen Freunden vergessen, diese in die richtige Liste aufzunehmen. Und schließlich wäre es nur normal, wenn sich Ihre Sicht, auf das, was Sie sehen und von sich zeigen wollen, mit der Zeit verändert. Alles zusammen: Zu ausgefuchste Einstellungen engen Sie eher ein, als dass sie nützen.

■ Facebook lebt vom Austausch, von einer „gewissen Offenheit" gegenüber neuen Beiträgen. (Zugegeben: Darin liegen auch die Risiken von Facebook.) Trotzdem: Wenn alle ihre Sende- und Empfangseinstellungen sehr eng bis sehr ängstlich sind, dann könnten Sie auch zum E-Mail-Austausch zurückkehren. Viel mehr bleibt dann nicht. Anders gesagt: Wenn Sie in einem sozialen Netz aktiv sein wollen, dann sollten Sie auch seine besonderen Möglichkeiten (mit Umsicht) nutzen.

Dem normalen Facebook-Nutzer raten wir darum: Verwenden Sie in Ihren generellen Einstellungen zur Privatsphäre und zur Chronik die einfachen Kategorien und Listen „Enge Freunde", „Freunde", Bekannte", „Freunde von Freunden" und „Eingeschränkt." Sie sind für globale Einstellungen völlig ausreichend.

Und benutzen Sie spezifische Listen, um einzelne Beiträge, Bilder, Einladungen etc. nur einer bestimmten Zielgruppe zugänglich zu machen. Dafür sind Listen ideal. Der Beitrag in diesem Beispiel etwa wird durch Verwendung der Liste „Wander-Interessiert" nur den Mitgliedern der Liste gezeigt, niemand sonst sieht ihn.

Wenn ein Freund zunehmend nervt

Wenn Ihnen ein Freund auf die Nerven geht, können Sie:

- ihm eine Direktnachricht schicken, in der Sie ihn bitten, das, was Sie stört, zu ändern;
- ihn vom Beziehungsstatus „degradieren": enger Freund –> Freund –> Bekannter;
- ihn als Einzelperson in den Privatsphäre- und Chronikeinstellungen (gezielt einige oder alle) von Ihrem Publikum weitgehend ausschließen;
- im individuellen Freundemenü (erreichen Sie über die Chronik) die Art und Anzahl der Neuigkeiten dieses Freundes reduzieren;
- ihn auf die Liste „eingeschränkt" setzen;
- ihm die Freundschaft kündigen;
- ihn blockieren;
- ihn melden (als Spam, Hassredner, Belästiger etc.).

Die letzten beiden Maßnahmen sind recht hart. Sie sollten nur wirklich schweren Fällen vorbehalten bleiben. Es ist nicht dokumentiert, aber plausibel, dass Facebook sowohl über Personen, die viele Blockaden erhalten, als auch über die, die viele „verteilen", Listen führt. Sie sollten bei Facebook nicht den Ruf des „Meckermitglieds" bekommen. Und jemand, der Sie mit 20 Katzenbildern pro Tag nervt, ist ja auch kein Fall für eine Blockade oder gar eine Meldung.

Viele dieser Maßnahmen führt man im entsprechenden Kontext durch: Freundschaften kündigt man im Freundemenü (siehe Abbildung) der entsprechenden Person, Meldungen erfolgen am besten direkt bei dem Beitrag, dem Foto, der Person, der Gruppe etc.

Die Liste „eingeschränkt" und die Blockierfunktion finden Sie auch in den allgemeinen Einstellungen unter dem klei-

nen blauen Dreieck rechts oben. Dort können Sie auch Ihre „Verbannungen" wieder aufheben.

SPIELE UND APPS

Spiele und alle anderen Apps von Facebook werden im App-Zentrum vorgestellt und bei Gefallen installiert – das haben wir im letzten Kapitel ausführlich behandelt. Hier wollen wir Sie auf einige weitergehende Punkte aufmerksam machen – damit Ihre Freude an all dem nicht unerwartet getrübt wird.

Zunächst: Die meisten Apps sind sowohl als mobile Version für Apple- und Android-Geräte verfügbar als auch als Internetversion für PCs und Laptops.

Aber diese Mobilversionen können kostenpflichtig sein, den Preis für die mobile App (meist unter zehn Euro) zahlt der Benutzer im iStore (Apple) oder bei Google Play (alle anderen).

Spielt man die Apps indessen auf der Facebook-Plattform, sind derzeit alle kostenlos. Zwar könnte Facebook hier auch direkt an der Installation verdienen, aber das wird wohl gar nicht angestrebt. Der Nutzer soll vielmehr gerade durch den kostenfreien Zugang an die Plattform gebunden werden. So lernt man ihn einerseits besser kennen und kann ihn noch besser vermarkten. Und parallel bremst man so andere Spieleplattformen elegant aus.

Facebook-Gutschriften

Heißt das, Facebook verdient nicht direkt Geld mit den Apps? Nein, das heißt es ganz und gar nicht. Rund 17 Prozent des Umsatzes machte Facebook 2012 mit sogenannten Gutschriften oder Credits (<kreddiz>) – so heißt die sich mehr und mehr etablierende Währung in Facebook-Land. Mit diesen Gutschriften erzielte Facebook im ersten Quartal 2013 rund 220 Millionen US-Dollar Umsatz – aufs Jahr hochgerechnet sind das knapp 900 Millionen US-Dollar. Aber dieses Geld wird erst bei der Nutzung (primär: beim Spielen!) verdient, der Einstieg selbst in die diversen Anwendungen ist wie gesagt kostenfrei.

Wenn Sie also in die Welt der Spiele und anderer Anwendungen eintauchen, dann machen Sie sich bereit für die eine oder andere „Wegelagerer"-Gebühr, die Ihnen im Verlauf der Nutzung begegnen wird.

Je nach Spiel kann es sich hierbei um Chips oder Spieleinsätze für Poker, Roulette, Black Jack und viele andere mehr oder weniger bekannte Glücksspiele handeln. Doch auch so „harmlose" Spiele wie Solitär-Patiencen entpuppen sich plötzlich mitunter als gierige Abzocker. Das Prinzip ist dabei einfach und durchsichtig: Nur wer zahlt, kann auch gewinnen.

■ Das Spiel ist eingebettet in attraktive Fantasiewelten (lieblich, albern, verzaubert oder gruselig, das ist eine Geschmacksfrage).

■ Die ersten Schritte sind leicht und erfolgreich, schnell haben Sie ein paar Punkte angesammelt und werden verwöhnt mit lobenden Worten, Sonderboni und Extraprämien.

■ Dann werden die Aufgaben etwas schwerer, aber eine Hilfe zur Lösung ist zum Beispiel eine magische Glaskugel, mit der man verdeckte Karten durchschauen kann. Diese äußerst nützliche Kugel kostet nun 90 „Gutschriften", 65 haben Sie in Ihrem ersten Erfolgsrausch schon angesammelt, die fehlenden 25 sollten Sie also schleunigst erwerben.

■ Sie geben Ihre Kreditkartendaten an – und 1,90 Euro für 25 Punkte wechseln den Besitzer.

■ Sie gewinnen natürlich mit der Glaskugel diese erste Etappe (unermessliche weitere Abenteuer warten noch auf Sie!) und können stolz diesen Sieg allen im Netzwerk mitteilen.

> **Peter Apel**
> ...aber die Musik nervt sehr...
>
> **Juhu! Habe gerade Eine sandige Landung abgeschlossen**
> Ich habe heute einen guten Tag und möchte dir einige Juwelen schenken. Also los, begleite mich auf dem Solitaire-Abenteuer!
>
> ICH HABE SOEBEN ALLE SOLITAIRE-LEVEL IN EINE SANDIGE LANDUNG ABGESCHLOSSEN!
>
> vor 2 Minuten · Pyramid Solitaire Saga
>
> 👍 Gefällt mir   🗨 Kommentieren   ➜ Teilen
>
> Schreibe einen Kommentar ...

■ Ein echtes Erfolgserlebnis, mit Freunden kommunikativ geteilt – für 1,90 Euro, das klingt doch fair!

Ob fair bzw. angemessen oder nicht, das ist letztlich Ihre Entscheidung. Sicher kann man sein Geld für Klügeres, aber auch für deutlich Dümmeres ausgeben als für ein Unterhaltungsspiel. Allerdings: Was immer Sie bei Ihren Abenteuern an Punkten, Boni, Prämien, Juwelen, Laserschwertern, fliegenden Teppichen und verwunschen Pinguinen erbeuten – einlösen in Euro können Sie Ihre Schätze und Gutschriften nicht! Diese Investitionen sind eindeutig eine Einbahnstraße.

SPIELE INTERESSIEREN MICH NICHT

Anwendungen, Spiele oder Veranstaltungen – wenn Sie davon einfach nichts hören wollen, dann können Beiträge und Benachrichtigungen dazu sehr störend sein. Schalten Sie dieses „Thema" einfach ab. Im Menü der globalen Einstellungen (kleines blaues Dreieck oben rechts) können Sie im Abschnitt „Blockieren" viele Einzelblockaden setzen – auch bezogen auf Anwendungen.

Dauerthema Datenschutz

Dabei könnte man fast sagen: Solange es nur um Geld geht, ist ja noch nichts passiert! Manche dieser Anwendungen wollen allerdings deutlich mehr von Ihnen als „nur" Ihr Geld! Sie sind sehr wissbegierig und benötigen unbedingt und „unverhandelbar" die eigenartigsten Informationen von Ihnen.

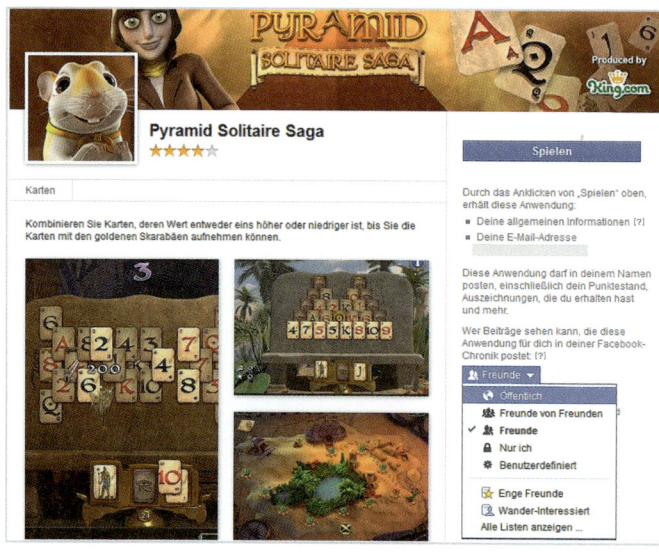

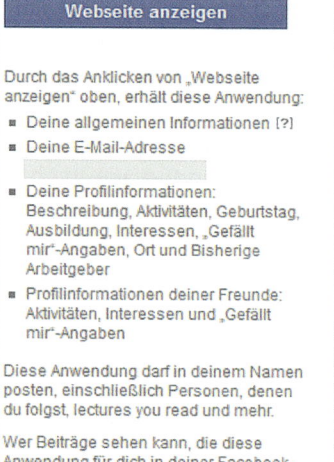

Das Obige sieht (abgesehen von den grauenhaften Formulierungen durch eine schlechte Übersetzung) noch recht harmlos aus. Noch kleinere Kröten zu schlucken gibt es fast nicht in dieser Welt der durchsichtigen Undurchsichtigkeit.

Ein wenig können Sie hier einstellen (die Sichtbarkeit Ihrer eigenen Beiträge), aber was sich die Anwendung von Ihnen holt, das ist unveränderlich. Hier ist es noch recht wenig, im nächsten Beispiel ist es schon recht viel.

Angesichts so umfangreichen Wissensdurstes raten wir von einer Installation ab. Bei der eigenen Privatsphäre mag mancher ja noch tolerant sein und sich sagen: „Was will man schon groß bei mir erforschen?" Aber spätestens, wenn es an die Freunde geht, wird eine weitere rote Linie überschritten.

Wir wissen durchaus, dass wir hiermit eine ganze Reihe interessanter Apps ausgrenzen und Sie so um manches Spielvergnügen bringen. Sie müssen unserem Rat ja nicht folgen.

Das Spiel Zynga Poker zum Beispiel wurde 2012 von fast sieben Millionen Menschen täglich gespielt, es ist eines der größten Spiele in Facebook überhaupt.

Einen Grund für unsere eher skeptische Haltung sehen Sie auf Seite 172 unten. Man kann nur weitermachen, wenn man zustimmt, „auf dem Laufenden" bleiben zu wollen. Das ist eine Art Zwangs-Opt-in. Und klickt man auf den Link ganz unten, dann kommt man auf eine rein englischsprachige Webseite des Herstellers, deren vertiefende Lektüre wieder zunächst die Zustimmung zu weiteren Zugriffen auf die eigenen Daten erfordert.

Zudem steht hier nicht, welche E-Mail-Adresse gemeint ist, die Facebook-E-Mail-Adresse oder die sogenannte primäre Adresse für das Login? (Es ist die zweite gemeint.)

Es geht uns nicht um dieses Spiel oder diesen Anbieter (der vielleicht ganz korrekt mit allen Daten umgeht), sondern um das Prinzip: Wenn Sie bei einer App den Eindruck haben, es soll irgendwas verschleiert oder irreführend dargestellt werden – seien Sie sicher: Zufall oder Inkompetenz ist es in den seltensten Fällen. Und ziehen Sie Ihre eigenen Schlüsse.

Beiträge in Ihrem Namen

Praktisch alle Apps wollen Ihre Zustimmung haben, dass sie in Ihrem Namen etwas in Facebook veröffentlichen dürfen. Das klingt schon mal eigenartig. Doch die meisten dieser Apps fragen dann bei jedem einzelnen Beitrag noch mal nach. Und bei Reise-Apps („Bin gerade am Taj Mahal") oder Sport-Apps („20 Kilometer mit dem Bike in weniger als 60 Minuten, super!") kann das ja auch ganz sinnvoll sein.

Auch dies ist also ein Maßstab für Seriosität: Schreibt die App nach Ihrem ersten „Okay" dann ohne weitere Rückfrage automatisch in Ihrem Namen drauflos, oder können Sie das Beitrag für Beitrag steuern? Im ersten Fall sollten Sie die App besonders kritisch betrachten und im Zweifel deinstallieren.

Spielsucht

Zum fröhlichen Thema „Spiele" gehört auch die unerfreuliche Seite: die der Sucht. Facebook-Spiele sind PC-Spiele (auch wenn sie mitunter auf dem Handy gespielt werden). Die meisten sind dazu gemacht, sind extra so entwickelt, um Sie möglichst lange und intensiv „bei der Stange" zu halten. Dass hier Suchtgefahren lauern, werden Sie schon nach den ersten Gehversuchen selbst merken. Die Spiele machen Spaß. Unterschätzen Sie ihre Sogwirkung nicht! Gerade labilere Menschen und Jugendliche können ihr leicht erliegen. Die Stiftung Warentest hat im Journal Gesundheit, test-Heft 9/2012 dieses Thema ausführlich behandelt (Titel: „Den letzten Cent verspielt").

Zur Vorbeugung oder um andere zu schützen, wenn Sie selbst schon betroffen sind oder eine betroffene Person kennen – holen Sie sich hier ersten Rat.

Empfehlungen

Es gibt sehr viele Apps und Spiele für Facebook, und täglich kommen neue hinzu. Eine Empfehlung von unserer Seite muss auf Fakten begründet sein, in aller Regel auf intensiven Prüfungen, wie Sie sie von unseren Produkttests kennen.

Solche Tests der Stiftung Warentest gibt es schon seit Langem auch für Apps – und regelmäßig werden weitere hinzukommen. Konkrete aktuellere Tests im Umfeld Apps und Multimedia-Anwendungen sind zum Beispiel:

- Wetter-Apps: Heft 6/2013
- Navigations-Apps: Heft 6/2013
- Reise-Apps: Heft 5/2013

Sie können sich bei der Auswahl Ihrer Apps genauso auch an Testergebnissen anderer Verlage und Magazine aus dem deutschsprachigen Raum orientieren. Kein seriöser Titel kann es sich in Deutschland leisten, elementare Sicherheitsverletzungen zu ignorieren. Besser als gar keine Empfehlungen sind diese Listen also allemal.

INTERESSANT INSBESONDERE FÜR ÄLTERE MENSCHEN

Wir haben hier einige Funktionen von Facebook zusammengestellt, die in der Zielgruppe der älteren Generationen absehbar auf
besonderes Interesse stoßen werden.

Lebensereignisse dokumentieren

Die Facebook-Funktion „Lebensereignis" ist ein wenig verborgen
in der bunten und etwas unruhigen Facebook-Oberfläche. Dabei
ist der Grundgedanke eigentlich recht ansprechend – wenn man
vom Dauerproblem der zu großen Öffnung gegenüber Dritten einmal absieht.

Doch wenn Sie bei der Selektion Ihrer Freunde und engen Freunde umsichtig vorgehen, über die Liste „Familie" hier weitere Ab-
grenzungen vornehmen und generell den Sicherheitsempfehlun-
gen dieses Buches folgen, dann kann die Funktion „Lebensereignis" im privaten Kreis enger Freude und Familienmitglieder schon
hilfreich und sinnvoll sein.

Kurz gesagt strukturieren Sie mit „Lebensereignis" wichtige Ein-
und Abschnitte Ihres Lebens vom ersten Kuss über Ausbildung
und Beruf, sportliche Erfolge, Hobbys, Tätowierungen, Haustiere,
veränderte Familienumstände und Umzüge bis hin zu Krankheiten
und Organspende-Optionen.

All dies können Sie in Ihrer Chronik, Ihrem elektronischen Tagebuch (mit optionalen Schreibrechten für Dritte), in von Facebook
vorgefertigten Rubriken dokumentieren.

So finden Sie diese etwas versteckte Funktion „Lebensereignis":

- Gehen sie auf Ihre Chronik (Klick auf Ihr Profilbild).
- Oben sehen Sie Ihr Bild, leicht nach links versetzt vor dem Hin-
tergrundbild.
- Scrollen Sie mit der Maus etwas nach unten. Das Hintergrund-
bild verschwindet am oberen Bildrand und es erscheint eine neue
Menüleiste oben quer.
- Ganz rechts finden Sie „Lebensereignis".

- Wenn Sie hier klicken, öffnet sich ein Menü mit vielen Untermenüs zu den verschiedenen „Ereignisarten".
- Tragen Sie nun zum Beispiel bei „Neues Instrument…" die Blockflöte aus Ihrer Grundschulzeit ein (Sie hatten doch auch eine?), mit Jahreszahl. Und stellen Sie die Sichtbarkeit auf „Freunde" oder „Nur ich".
- Facebook ordnet dieses Ereignis nun ganz weit unten in Ihrer Chronik ein. Probieren Sie es mit einigen anderen Einträgen, und Sie sehen, wie Ihre Chronik zunehmend „Struktur" bekommt, es baut sich eine Geschichte auf.

Das Thema „Organspender" und andere gesundheitsbezogene Eintragsmöglichkeiten finden Sie übrigens in der Rubrik „Gesundheit & Wellness".

Ein Archiv aufbauen

Anders als viele andere soziale Netzwerke ermöglicht es Facebook, die eigenen Beiträge und Fotos als Archiv zusammenzustellen, herunterzuladen und diese Archivdatei lokal auf Ihrem eigenen Rechner zu speichern.

Wir raten dazu, diese Funktion zu nutzen. Man weiß nie, was eines Tages mit den Facebook-Servern geschieht. Und auch der eigene Account kann durch ein paar versehentliche, ungeschickte Aktionen plötzlich und unerwartet gesperrt sein. Dass dann alles, was man über Monate und Jahre erfasst und ausgetauscht hat, einfach weg ist – das wäre nicht gut.

So gehen Sie vor, um eine Archivdatei Ihres Kontos zu erstellen:

■ Klicken Sie auf das kleine blaue Dreieck oben rechts.

■ Wählen Sie „Einstellungen".

■ Im Abschnitt „Allgemeine Kontoeinstellungen" steht am Ende der Tabelle unten rechts klein: „Lade eine Kopie deiner Facebook-Daten herunter". Auf den Link in dieser Zeile klicken Sie.

■ Wählen Sie im folgenden Menü das grüne Feld „Mein Archiv aufbauen".

■ Bestätigen Sie den Auftrag.

■ Nach einigen Minuten (bei größeren Konten können es auch Stunden sein) erhalten Sie eine E-Mail: Mit einem Klick auf den angegebenen

Link kommen Sie zu einer Zipdatei, die geöffnet oder heruntergeladen werden kann. Laden Sie sie herunter. Wenn Sie nichts anderes eingestellt haben, liegt die Datei nach dem Herunterladen im Ordner „Download" und heißt „facebook-.zip". Wegen der Bilder und Videos kommen da übrigens schnell viele MB zusammen. Wundern Sie sich nicht, wenn das Herunterladen einige Minuten dauert.

Wir gehen davon aus, dass eine Unzipfunktion in Ihren Dateimanager integriert ist, sodass Sie sich das Erhaltene nun anschauen können. Es enthält einiges, aber durchaus nicht alles, was Sie in Facebook über die Monate so „veranstaltet" haben.

Vereinfacht gesagt enthält das Archiv alle „bleibenden Informationen". Freunde, Fotos, Fanseiten, persönliche Stammdaten und Lebensereignisse – all das ist enthalten. Nicht enthalten sind die eher „flüchtigen", kurzlebigen Dinge wie Beiträge, Kommentare und „Gefällt mir"-Markierungen zu Beiträgen.

Einmal im Jahr ist so eine Archivierung durchaus sinnvoll. Bedenken Sie dabei: Das sind alles vertrauliche Informationen. Also legen Sie Ihr Archiv in einem geschützten Bereich ab, sodass wirklich nur Sie Zugriff darauf haben. Und löschen Sie die Info-Mail mit dem Link zum Archiv.

ERSTE HILFE
FÜR FACEBOOK

In diesem Kapitel geht es um mögliche kleinere oder auch größere Probleme und ihre Lösungen. An einigen Stellen werden wir zudem unsere bisher straff angezogenen „Sicherheitsgurte" etwas lockern, an anderen werden wir weitere Einstellungsoptionen entdecken. Es ist ein Kapitel für den Benutzer mit ersten Praxiserfahrungen.

DIE FACEBOOK-HILFE

Facebook setzt weitgehend auf die Onlinehilfe. Das heißt, es gibt kein Servicetelefon, wo Sie anrufen können, und auch eine Stelle, an die man E-Mails oder gar Briefe schreiben kann, ist schwer zu finden (für besondere Situationen bestehen solche Stellen allerdings).

Die Onlinehilfe innerhalb von Facebook ist allerdings recht ausgebaut, hier findet man viel. Sie sollten sich zunächst mit dieser Selbsthilfefunktion von Facebook vertraut machen. Das Menü dazu ist einfach zu finden.

Direkte Hilfe

Für eine konkrete Hilfestellung, ein spezifisches Problem geben Sie Ihr Thema einfach oben in die Suchzeile der Hilfe ein. Wenn dazu kein Treffer gefunden wird, vereinfachen Sie die Formulierung. Einzelne, kurze Begriffe sind gut. Wählen Sie ein Stichwort in der Schreibweise, wie es auch von Facebook selbst benutzt wird. Manchmal „hakt" die Suche, ein Leerzeichen hinten angefügt kann dann helfen.

In der Regel öffnet sich bald eine Liste von Fragen zu dem Thema. Suchen Sie hier, ob Sie eine passende Frage und, noch besser, auch eine gute Antwort finden.

Viele Antworten sind wirklich klar, knapp und hilfreich. Manche Antworten sind allerdings etwas unscharf, manche ziemlich schlecht übersetzt, manche umständlich formuliert und manche schlicht falsch, auch das gibt es.

Sie sollten die Antworten durchaus bewerten (hilfreich, ja oder nein?), Facebook analysiert das. Und wie überall gilt: Es wird das Rad zuerst geölt, das am lautesten quietscht. Das heißt, Sie helfen der Facebook-Gemeinschaft, neudeutsch: „Community" (<kom-juniti>).

Der Hilfebereich

Wenn Ihre Frage nicht dabei ist, können Sie auch den kompletten Hilfebereich hierzu aufrufen, mit vielen weiteren Abschnitten und Unterabschnitten. Es gibt zwei Wege dahin:

■ Entweder Sie klicken unten auf „Weitere Ergebnisse für xyz anzeigen". Dann kommen Sie zu den anderen Treffern zu Ihrem Suchthema („xyz" im Beispiel).

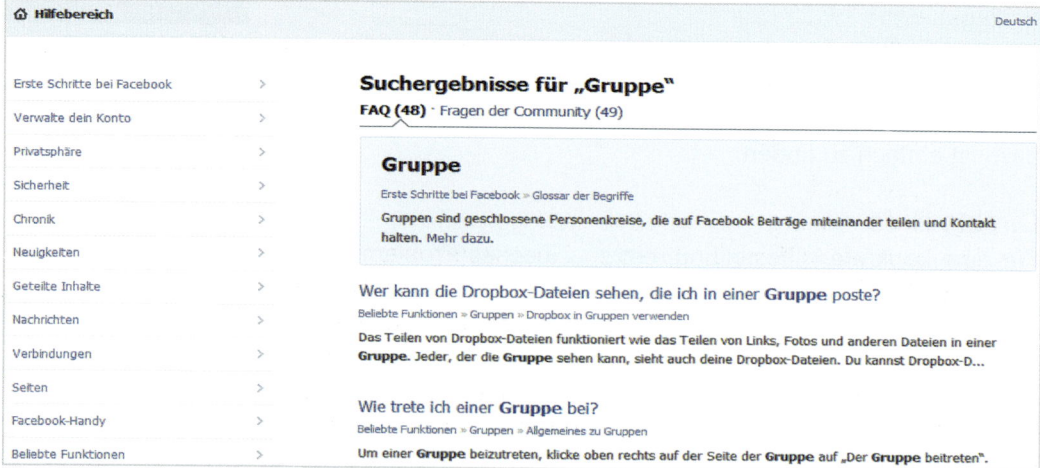

- Oder Sie klicken Ihren Fragetext mit dem kleinen „x" im Such-feld weg und markieren stattdessen „Besuche den Hilfebereich" unten im Hilfefenster.

Der recht umfassende Hilfebereich ist nach Themen gegliedert. Manche wichtigen Themen wie „Gruppe" oder „Geschenke" fin-den Sie allerdings nicht auf der ersten Ebene, sondern zum Bei-spiel unter „Beliebte Funktionen".

Wenn Sie sich in eines der Kapitel hineinklicken, kommen Sie üb-rigens auch jeweils zu einem Unterkapitel mit Namen „Bekannte Fehler und Probleme". Auch das ist interessant zu lesen.

Hilfe von der Community

Die Kapitel und Unterkapitel des Hilfebereichs stehen am linken Rand (siehe Abbildung). Rechts stehen die konkreten Fragen und ihre Antworten. Oben können Sie wählen, ob Sie die offiziellen Antworten von Facebook lesen wollen oder die Diskussion der Community, der Gemeinschaft zu diesem Thema verfolgen wollen. Voreingestellt ist, dass Sie die Facebook-Antworten sehen. In un-serer Abbildung oben gibt es zu „Gruppe" 48 Fragen (und Antwor-ten). Aber es gibt außerdem noch 49 Fragen von den Nutzern selbst, zum Teil mit Antworten und Kommentaren auf Antworten, ebenfalls von den Nutzern.

Hier können Sie also auch selbst eine Frage platzieren oder zu ge-stellten Fragen oder gefundenen Antworten eigene Kommentare hinzufügen.

Direkte Anfragen

Facebook hat an einigen Stellen auch direkte Anfragemöglichkei-ten eingebaut. Sie heißen zum Beispiel „Ein Problem melden". Sie sollten versuchen, die Onlinehilfe zunächst umfassend durchzu-gehen, um eine Lösung oder Erklärung zu finden. Auf diesem Weg sollten Ihnen, wenn Facebook das vorgesehen hat, dann innerhalb der Onlinehilfe diese direkten Anfragemöglichkeiten als letzte Op-tion aufgezeigt werden. Eine Bearbeitungszeit von zehn Werkta-gen sollten Sie hier allerdings einkalkulieren.

EINSTELLUNGEN ÜBERPRÜFEN UND ANPASSEN

Wir haben uns mit einem hohen Maß an Sicherheit und Vorsicht in das „Abenteuer Facebook" gestürzt. Für manchen Leser mag es vielleicht mitunter gar zu vorsichtig und „bedenkenträgerisch" zugegangen sein.

Jetzt wollen wir unser Sicherheitsprofil noch einmal überprüfen und dabei schauen, ob wir hier und da die Gurte nicht etwas lockern können. An anderen Stellen mögen zusätzliche Einstellungen, die wir erst jetzt richtig verstehen, hinzukommen.

Wir werden noch einmal durch das Kapitel „Einstellungen" hinter dem kleinen blauen Dreieck oben rechts gehen. Dabei werden wir in der Hauptsache unsere Empfehlung für einen problemarmen Dauerbetrieb vorstellen – und hier und da einige Erklärungen einfügen.

Wie schon an einigen anderen Stellen erwähnt, beziehen wir uns hier auf das, was Facebook 2013 als „das neue Design" bezeichnet. Dieses ist Mitte 2013 leider noch nicht überall umgesetzt, viele Konten erscheinen noch im „alten Design". Wenn Sie also zum Beispiel die Einstellungen nicht unter einem kleinen blauen Dreieck finden, sondern unter einem Zahnrad – dann ist das noch altes Design. Nicht alle Unterkapitel und Untermenüs finden Sie dann genau dort, wo sie im neuen Design platziert wurden.

Allgemeine Kontoeinstellungen

Jetzt schauen wir uns alle allgemeinen Kontoeinstellungen an.

Nutzername bestätigen

Ihren Nutzernamen legt Facebook bei der Registrierung eindeutig fest. Sie können ihn einmal (!) ändern, aber diesem Schritt muss eine Bestätigung vorangehen, damit Facebook sicher ist, dass Sie auch wirklich der Nutzer sind, als der Sie sich ausgeben. Eine solche „Verification" wird häufig über ein anderes Medium durchgeführt, so auch hier: über SMS.

Es kann später noch andere Gründe für eine Verification geben als nur die Änderung des Nutzernamens. Es ist darum sinnvoll, wenn Sie diesen Weg schon frühzeitig vorbereiten und eine Handynummer festlegen, über die Facebook Ihre „Echtheit" prüfen kann. (Das Gerät muss SMS empfangen können, aber das können praktisch alle Handys.)

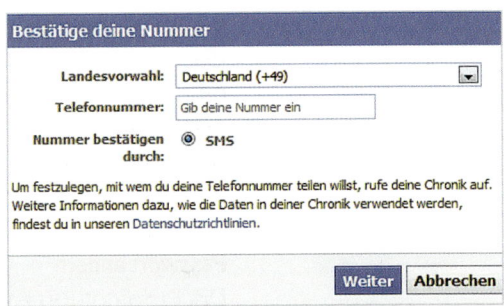

Sie geben also in dem Dialog Ihre Mobilfunknummer an und lassen sich einen Bestätigungscode (sechs Ziffern) schicken. Diesen SMS-Code geben Sie dann wieder auf der Facebook-Seite im Internet ein – und nun ist Facebook sicher, dass Sie „echt" sind. Dieses Mobilfunkgerät wird nun als Ihres angesehen und die Handynummer in Ihren Profilinformationen gespeichert. Sie können die Sichtbarkeit der Nummer gleich festlegen – empfohlen ist „Nur ich"!

Übrigens: Sollten Sie für diesen Schritt zum Beispiel das Handy des Partners benutzt haben und sollte dieser sich früher auch schon mit diesem Handy „verifiziert" haben, dann wird das Handy aus seinem Profil entfernt. Es ist ja nach Facebook-Verständnis jetzt Ihres ...

E-Mail-Adresse pflegen

Facebook hat schon automatisch eine E-Mail-Adresse für Sie angelegt, es ist nutzername@facebook.com. Außerdem ist Facebook natürlich Ihre sogenannte primäre E-Mail-Adresse bekannt: Damit melden Sie sich an.

Hier können Sie nun weitere Mailadressen angeben – oder andere entfernen. Sollten Sie noch weitere Mailadressen haben, dann empfehlen wir, hier nicht alle zu registrieren, sondern sich zumindest eine zu bewahren, die mit Facebook in keiner Weise verbunden ist.

In diesem Abschnitt können Sie noch einen Kästchen-Haken setzen, um Freunden zu gestatten, diese E-Mail-Adresse in der „Lade deine Informationen herunter"-Funktion zu verwenden. Diese etwas schwerfällige Formulierung bezieht sich auf die Archivfunktion (siehe im vorigen Kapitel Seite 176). Unsere Empfehlung: Das Kästchen sollte leer bleiben! Sonst stehen Ihre E-Mail-Adressen in den heruntergeladenen Archiven Ihrer Freunde – und wo die landen, wissen Sie nicht.

Passwort ändern

Die Empfehlung ist einfach: Ihr Anmelde-Passwort sollten Sie von Zeit zu Zeit ändern. Einmal pro Jahr ist ein guter Rhythmus. Zum Thema „leidlich sicheres Passwort" sind hier zwei Empfehlungen:
- Das Passwort sollte mindestens acht Zeichen haben.
- Die verwendeten Zeichen sollten Zahlen, große und kleine Buchstaben und Sonderzeichen umfassen.

Sicherheitseinstellungen

Nach den allgemeinen Kontoeinstellungen ist „Sicherheit" der nächste Abschnitt. Nicht alles ist hier sinnvoll.

Sicherheitsfrage

Wir empfehlen, eine solche Frage einzurichten. Wählen Sie eine Frage, bei der Sie sicher sind, auch in zwei Jahren noch die korrekte Antwort zu geben.

Sicheres Durchstöbern

Diese Option sollte aktiviert sein. Die Facebook-URL in der Adresszeile des Browsers beginnt dann immer mit https://…, das „s" ist der Buchstabe, auf den es hier ankommt.

Anmeldebenachrichtigungen aktivieren

Falls noch nicht erfolgt, sollten Sie das jetzt nachholen. Um nicht gezwungen zu sein, ein Handy anzugeben, wählen Sie E-Mail. Wenn Sie allerdings häufig nur über Mobiltelefon erreichbar sind, dann sollten Sie die SMS-Version wählen.

Das Ergebnis der Aktivierung ist, dass Sie auf dem einen oder anderen Weg eine Nachricht bekommen, wenn Ihr Konto von einem bisher noch nicht benutzten Gerät aus angemeldet wurde. In 99 Prozent der Fälle werden Sie nicken und sagen: Genau, das war ich ja selbst gerade! Aber das restliche 1 Prozent könnte auch ein Missbrauchsfall sein.

Leider hat dieses Kapitel noch einen Haken mit Namen „Cookies": Anmeldebenachrichtigungen können Sie nur aktivieren, wenn Cookies in Ihrem Browser zugelassen sind und nicht immer gleich wieder gelöscht werden.

Sollten Sie zum Beispiel den Browser Mozilla Firefox nutzen und dort den Privatmodus aktiviert haben, dann erkennt Facebook das und fordert Sie auf, das zu ändern. Im Mozilla-Privatmodus werden Cookies sofort gelöscht.

Wenn Sie sich für Cookies entschieden haben, dann sollten Sie Anmeldebenachrichtigungen aktivieren.

Bitte überprüfe deine Browser-Einstellungen

Deine aktuellen Firefox-Einstellungen können die Verwendung von Anmeldebestätigungen erschweren.

Das kann folgende Gründe haben:

- Du löschst manchmal deine Cookies.
- Dein Browser ist so eingestellt, dass er automatisch Cookies löscht, wenn er geschlossen wird.
- Du verwendest das „private Durchstöbern" oder den „anonymen" Modus deines Browsers.
- Du verwendest einen neuen Browser.

Nach Behebung dieser Probleme kann es ein paar Tage dauern bis du Anmeldebestätigungen aktivieren kannst. Du musst dich nach der Bearbeitung dieser Einstellungen zudem vielleicht zunächst abmelden und dann erneut anmelden, damit die Änderungen in Kraft treten.

Besuche den Hilfebereich, um schrittweise Anleitungen zur Änderung dieser Einstellungen zu erhalten.

Schließen

INFO **Cookies**

„Cookies" (<kukiis>, eigentlich „Kekse") sind kleine Textmarkierungen auf Ihrem Rechner. Zum Beispiel in Wikipedia finden Sie eine gute weitergehende Erklärung. Stellen Sie sich vor, die Webseiten, die Sie besuchen, hinterlassen kleine Besuchsstempel auf Ihrem Gerät: „Abc war hier und hat xyz gemacht." Bei Ihrem nächsten Besuch wird dieser

Stempel, der Cookie, erkannt und für die weitere Bearbeitung ausgewertet. Bei seriösen Webseiten ist das eher hilfreich. Man erkennt Sie als eine Art Stammkunden.

Sie können in Ihrem Browser aber einstellen, dass Sie solche Cookies nicht haben wollen oder dass gleich alle wieder gelöscht werden sollen. Dann können die Webseiten nicht erkennen, ob Sie sie vor Kurzem schon mal besucht haben. Einige Sicherheitsmaßnahmen von Facebook funktionieren nur mit zugelassen Cookies. Wenn Sie das nicht wollen, verschaffen Sie sich etwas mehr globale Sicherheit im Internet und etwas weniger spezifische Sicherheit bei Facebook. Oder Sie lassen Cookies zu, dann ist es genau umgekehrt. Für beide Entscheidungen gibt es gute Gründe.

■ Wenn Sie eher gründlich und konzentriert arbeiten und sehr sicherheitsorientiert sind, dann entscheiden Sie sich besser gegen Cookies und damit auch gegen diese Maßnahmen.

■ Wenn Sie Facebook auf mehreren eigenen und gelegentlich auch fremden Geräten (etwa auf Reisen an einem Hotel-PC) nutzen, dann sollten Sie sich eher für die Cookies entscheiden.

Ihre Einstellungen zu Cookies legen Sie in Ihrem Browser fest, bei Mozilla Firefox zum Beispiel unter „Einstellungen" > „Datenschutz". Deaktivieren Sie hier den privaten Modus.

Zuverlässige Kontakte

Angenommen, Sie haben Ihr Passwort vergessen. Über „Zuverlässige Kontakte" nehmen Sie Facebook die Arbeit ab zu prüfen, ob Sie auch der richtige sind, der ein neues Passwort anfordert. Das machen nun ihre zuverlässigen Kontakte.

Allerdings müssen Sie diese Personen vorher festgelegt haben. Wählen Sie also drei bis fünf Freunde als zuverlässige Kontakte aus. Im Fall „Passwort verloren" bekommen drei von diesen Personen dann einen Code zugeschickt, den geben die drei Freunde Ih-

nen (denn Sie sind ja der richtige) und Sie können damit ihren un-
zugänglichen Account wieder freischalten. So richten Sie zuverlässige Kontakte ein:

- Klicken Sie auf das kleine blaue Dreieck oben rechts.
- Wählen Sie „Einstellungen".
- Gehen Sie in den Abschnitt „Sicherheit".
- Wählen Sie „Zuverlässige Kontakte" – „Bearbeiten".
- Fügen Sie drei bis fünf Freunde als zuverlässige Kontakte hinzu.
Ihre Freunde werden über diese „Ernennung" per E-Mail infor-
miert.
- Klicken Sie „Schließen" – Fertig!

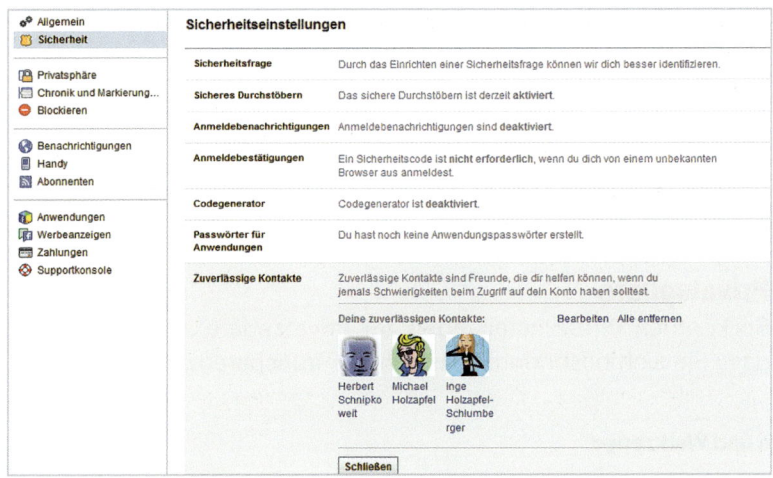

Sie können die hinzugefügten Freunde später auch wieder entfernen (hierzu gibt es keine Info-Mail) und dann andere Freunde
wählen.
Sollten Sie das einrichten? Es schadet nichts, solange Sie mindestens drei Personen unter Ihren Facebook-Freunden haben, auf die
Sie sich im Ernstfall und auch noch in einigen Monaten (Jahren?)
verlassen können.

Bekannte Geräte

Hier sehen Sie, über welche Geräte Sie schon einmal Facebook genutzt haben. Auf diesen Geräten hat Facebook entsprechende Cookies hinterlassen. Wenn Sie eines der Geräte nicht mehr benutzen, es verkauft, verschenkt oder verloren haben – hier können Sie es von der Liste „Ihrer" Geräte entfernen.

Konto deaktivieren

Unter der Tabelle sehen Sie noch den Link „Deaktiviere dein Konto". Mit einem Klick kommt man auf diese Bestätigungsseite.

Dies ist der Standardweg, wenn Sie Ihre Facebook-Mitgliedschaft beenden wollen. Facebook weist darauf hin, dass so aber nicht alle Spuren der ehemaligen Präsenz völlig ausradiert werden, einiges wird stehen bleiben. Wie man (nahezu) alles entfernt, werden wir noch behandeln.

Privatsphäre

So könnten Ihre Einstellungen zur Privatsphäre aussehen, ohne dass Sie sich besonderen Risiken der Transparenz aussetzen.

Privatsphäre-Einstellungen und Werkzeuge		
Wer kann meine Inhalte sehen?	Wer kann deine zukünftigen Beiträge sehen?	Freunde von Freunden Bearbeiten
	Überprüfe alle deine Beiträge und Inhalte, in denen du markiert bist	Aktivitätenprotokoll verwenden
	Möchtest du das Publikum für Beiträge einschränken, die du mit Freunden von Freunden oder öffentlich geteilt hast?	Vergangene Beiträge einschränken
Wer kann nach mir suchen?	Wer kann dich anhand der von dir angegebenen E-Mail-Adresse oder Telefonnummer finden?	Freunde von Freunden Bearbeiten

Aber am Ende hängt dies von Ihren Präferenzen ab; etwas konservativer, weniger „öffentlich", kann man das auch durchaus sehen. Wichtiger erscheint uns, dass hier ja in Wirklichkeit bei Weitem nicht alles zur Privatsphäre einstellbar ist. Das Kapitel ist ein wenig Etikettenschwindel. Denn sehr viele einzelne Aktivitäten, Beiträge, „Objekte" müssen bezüglich ihrer Sichtbarkeit an einem ganz anderen Ort gesteuert werden.

Ein gutes Beispiel ist die Liste Ihrer Freunde. Die kann jeder sehen. Ist das unabänderlich? Man könnte es denken, denn in der Privatsphäre ist keine Stellschraube dafür zu finden. In Wirklichkeit können Sie die Liste Ihrer Freunde sogar weitgehend unsichtbar machen. So gehen Sie vor:

■ Gehen Sie in Ihre Chronik (Klick auf Ihr Profilbild links oben).

■ Markieren Sie im Quermenü oben den Reiter „Freunde".

■ Mit einem Klick auf den kleinen Bleistift rechts öffnet sich ein Fenster, wie oben gezeigt.

Fazit: Die Sichtbarkeit von Objekten und generell die Privatsphäre wird durchaus nicht nur im Kapitel „Privatsphäre" eingestellt. Insbesondere über die Chronik können viele weitere Einstellungen hierzu vorgenommen werden.

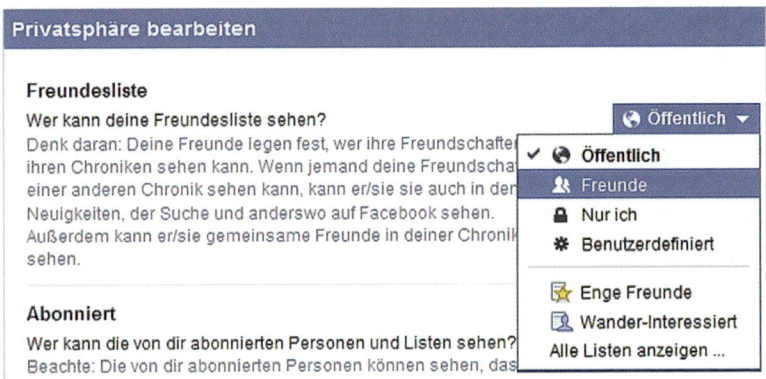

Chronik und Markierungseinstellungen

Chronik und Markierungseinstellungen		
Wer kann Inhalte zu meiner Chronik hinzufügen?	Wer kann in deiner Chronik posten?	Freunde
	Möchtest du Beiträge, in denen dich deine Freunde markieren, prüfen, bevor sie in deiner Chronik erscheinen?	Ein
Wer kann die Dinge in meiner Chronik sehen?	Überprüfe, was andere Personen in deiner Chronik sehen	A
	Wer kann Beiträge, in denen du markiert wurdest, in deiner Chronik sehen?	Freunde von Freunden
	Wer kann sehen, was andere in deiner Chronik posten?	Freunde von Freunden
Wie kann ich Markierungen, die Nutzer hinzufügen, und Markierungsvorschläge verwalten?	Möchtest du die Markierungen überprüfen, die Nutzer zu deinen eigenen Beiträgen hinzufügen, bevor sie auf Facebook erscheinen?	Ein

Wie links könnten Ihre Chronik- und Markierungseinstellungen für eine offene und wenig riskante Facebook-Kommunikation aussehen.

Wie bei der Privatsphäre gilt auch hier: Wenn Sie es etwas vorsichtiger einstellen wollen, machen Sie damit keinen Fehler.

Benachrichtigungen

Auch in diesem Kapitel zeigen wir Ihnen unsere Mustereinstellungen – aber sie geben kaum mehr als den Geschmack des Autors wieder. Denn hier legen Sie fest, zu welchen Themen Sie von wem auf welchen Medien benachrichtigt werden wollen. Je nach Ihren Vorlieben, den Aktivitäten Ihrer Freunde, dem Typ Ihrer Anwendungen und, und, und kann das von „möglichst gar nichts" bis „möglichst alles" reichen.

Anders gesagt: Sie machen nichts falsch, wenn Sie ganz andere Einstellungen wählen. Wenn es Ihnen nach einer Weile zu laut oder zu leise wird, dann ändern Sie die Einstellungen eben.

Zum allerletzten Punkt der Tabelle wollen wir noch ein Beispiel zeigen. Klickt man hier auf „Bear-

Benachrichtigungseinstellungen		
So erhältst du Benachrichtigungen	📘 **Auf Facebook**	Alle Benachrichtigungen, Töne an
	✉ **E-Mail-Adresse**	Kontobezogene Benachrichtigungen
	📱 **Push-Benachrichtigungen**	Einige Benachrichtigungen
	📱 **SMS**	SMS-Benachrichtigungen sind ausges
Worüber du Benachrichtigungen erhältst	👤 **Aktivitäten, die dich betreffen**	An
	⭐ **Aktivitäten enger Freunde**	Auf Facebook
	🏷 **Markierungen**	Alle
	📰 **Abonnenten**	An für Alle

beiten", dann öffnet sich ein Fenster, in dem alle Anwendungen, die wir installiert haben, aufgeführt sind, jede mit einer „Tick-Box", mit einem Hakenfeld dahinter.

Sie können für jede Anwendung festlegen, ob Sie von ihr Benachrichtigungen bekommen wollen oder nicht. Wir haben den Haken hier nur für die seriöseren Anwendungen aus der Publizistik und für Twitter stehen lassen. Spiele schicken einem nämlich auch Benachrichtigungen, die wir für überflüssig halten und nicht bekommen wollen.

Handy

Auch in diesem Kapitel geht es um Benachrichtigungen und Mitteilungen. Wenn Sie wollen, können Sie hier Ihr Handy registrieren. Und wenn es ein Smartphone ist und Sie die Facebook-App für Mobiltelefone darauf installiert haben, dann können Sie hier erlauben, dass diese App Ihnen SMS schickt.

Ein SMS-fähiges Mobilfunkgerät bei Facebook zu registrieren, halten wir für sinnvoll. Aus verschiedenen Gründen kann Facebook der Ansicht sein, dass Sie vielleicht gar nicht der sind, als der Sie sich ausgeben. Dann ist es gut, noch einen zweiten Weg, neben dem Internet, eingerichtet zu haben, über den so eine „Verifikation" erfolgen kann. Dieser zweite Weg ist die SMS-Funktion des Handys.

Sie können in diesem Einstellungskapitel Informationen zu „Facebook-Handy" aufrufen (so nennt Facebook seine neue App für das Smartphone, Version 6.2). Eine Vorversion (Version 4.1) haben wir getestet und in Heft 6/2012 darüber berichtet: Ergebnis: Sehr kritische App, persönliche Daten werden unverschlüsselt versendet. Wir können derzeit nur hoffen, dass in der neuen Version diese

Schwächen abgestellt wurden – sehr wahrscheinlich ist es aus unserer Sicht aber nicht.

Sie können das Ganze allerdings auch so sehen: Schon jetzt nutzen 750 Millionen Menschen (gut zwei Drittel aller Facebook-Mitglieder) die Anwendung auch via Smartphone, nutzen Facebook also unter anderem „mobil".

Es geht hier also wieder um die alte Gewissensentscheidung: Mehr konkrete Flexibilität, mehr unmittelbarer Komfort, mehr aktuelle Unterhaltung gegenüber mehr Sicherheit für alle Fälle.

Abonnenten

Zu den ersten drei Stichworten dieses Unterkapitels der Einstellungen sehen Sie links unsere Empfehlungen.

Die anderen Punkte sind eher informativer Natur. Wie eine Verbindung von Facebook zu Twitter eingerichtet wird, haben wir im Kapitel „Verbindungen zu anderen sozialen Netzen herstellen" behandelt.

Anwendungen / „Apps"

Abhängig von der Anzahl der Anwendungen, die Sie installiert haben, kann dieser Abschnitt kurz oder auch sehr lang sein. Ob kurz oder lang: Er ist auf jeden Fall wichtig. Gleich der erste Satz oben macht es sehr deutlich:

„Auf Facebook sind dein Name, Profilbild, Titelbild, Geschlecht, Netzwerke, Nutzersname und Nutzer-ID immer öffentlich, auch für Anwendungen (Erfahre warum). Anwendungen haben außerdem Zugriff auf deine Freundesliste und alle weiteren Informationen, die du öffentlich machst."

Wir legen in diesem Kapitel fest, welche Anwendungen was alles mit unseren Daten anstellen dürfen.

Plattform aktivieren

Im ersten Schritt ist hier eine Grundsatzentscheidung zu treffen: Plattform, ja oder nein? Wollen wir, dass Facebook die allgemeine Nutzungsgrundlage für all die Apps ist, die wir haben, sodass

■ in aller Regel die Facebook-Anmeldung genügt, die App zu nutzen.

■ Facebook-Informationen zur Personalisierung der App verwendet werden können;

■ wir die Facebook-Kommunikationsmöglichkeiten für Erlebnisse und Ergebnisse dieser Apps nutzen können.

Ein großer Freund von PC-Spielen, insbesondere von sozialen Spielen, wird hier vermutlich begeistert zustimmen. Alle anderen werden sich eher fragen: „Wozu brauche ich das?" Nichts gegen die erste Gruppe, aber wir sind der zweiten etwas verbundener.

Wir raten von der Aktivierung nicht ab, aber ohne erkannten Bedarf, einfach so, sollte sie nicht erfolgen.

Von anderen Nutzern

Es sieht ein wenig traurig aus, was wir hier als Standard empfehlen, nämlich: null-komma-null. Doch warum sollten Sie anderen das Recht geben, Ihre persönlichen Informationen zu völlig unbekannten Zwecken einfach „mitzunehmen" und auszuwerten?

Wenn Sie natürlich, etwa aus beruflichen Gründen, für Ihre Fotos, Ihre Videos oder Ihren Beruf selbst be- kannt sein wollen – das ist ein Grund, an den entsprechenden Stellen ein Kreuz zu machen.

Facebook-Nutzer, die dein Profil sehen können, können diese Informationen in Anwendungen übertragen, wenn sie diese verwenden. Dadurch wird ihre Nutzererfahrung besser und sozialer. Verwende die folgenden Einstellungen, um die Arten von Informationen festzulegen, die Nutzer mitnehmen können, wenn sie Anwendungen, Spiele und Webseiten verwenden.

☐ Biografie
☐ Geburtstag
☐ Familie und Beziehungen
☐ Interessiert an
☐ Religiöse Ansichten und politische Einstellung
☐ Meine Webseite
☐ Mein Online-Status
☐ Meine Statusmeldungen
☐ Meine Fotos
☐ Meine Videos
☐ Meine Links
☐ Meine Notizen
☐ Heimatstadt
☐ Derzeitiger Wohnort
☐ Ausbildung und Beruf
☐ Aktivitäten, Interessen, Dinge, die mir gefallen
☐ Meine Aktivitäten in Anwendungen

Umgehende Personalisierung

Wenn Sie bei diesem Abschnitt auf „Bearbeiten" klicken, geht zunächst ein Fenster mit einem Videoclip auf. Der kurze Film ist nicht sehr gut produziert, die Schrift ist viel zu klein, der Ton ruckig zusammengeschnitten, und alles ist auf Englisch.

Es geht um die Frage, ob Sie auf speziellen Seiten als besonders guter Partner von Facebook sofort „erkannt" und darum auch sofort mit den auf Ihre Person zugeschnittenen Informationen versorgt werden wollen.

Die Anwendung „Rotten Tomatoes" (<rotten tomäitos>, vergammelte Tomaten) sammelt zum Beispiel Filmkritiken von ihren Mitgliedern. Wenn Sie Rotten Tomatoes aufrufen, dann wird (bei aktiver umgehender Personalisierung) sofort Ihre Freundesliste durchsucht, ob einer von diesen in der Anwendung irgendetwas über einen Film geäußert hat. Diese Informationen erhalten Sie dann bei Ihrer Filmsuche.

Wollen Sie das? Um die Frage zu beantworten, schließen Sie das Videofenster. Es erscheint nun eine Liste dieser sehr engen Facebook-Partner. Mit diesen wird die Funktion „Umgehende Personalisierung" praktiziert. Haben Sie mehrere dieser Apps installiert? Wenn ja, dann ist die Funktion durchaus interessant.

Sie sollten aber bedenken, dass Sie die Zustimmung für alle Apps der Liste geben und dass Facebook diese Liste schon einmal ohne Vorwarnung einfach verlängert hat.

Unsere konservative Empfehlung ist hier darum: Haken weg. Uns ist bewusst, dass wir hier ein wenig die Spaßbremse geben, aber wir wollten ja Umsicht und Sicherheit großschreiben.

Alte Versionen von Facebook-Handy

Es ist nicht sehr wahrscheinlich, dass das Thema für Sie relevant ist, aber stellen Sie den Sichtbarkeitsfilter zur Sicherheit auf „Freunde".

Werbeanzeigen

Im Abschnitt „Werbeanzeigen" wird festgelegt, was Werbeanzeigen mit Ihnen anstellen dürfen. Wenn Sie also bisher hier nicht hingeschaut haben („betrifft mich nicht") – jetzt holen wir das nach. Es betrifft Sie nämlich doch.

Der gesamte Abschnitt ist von Facebook sehr unerfreulich gestaltet. Die viel zu langen Texte ohne Bilder sind in gruseligem Juristendeutsch verfasst. Um was es geht, ist im Prinzip aber einfach. Facebook plant, Aktivitäten der Nutzer in sogenannten sozialen Plug-ins (<plag-ins>, eingefügte kleine Programme) und sozialen Werbeanzeigen sichtbar zu machen. Wenn Sie Fan eines Sushi-Restaurants werden, dann will Facebook Ihren Freunden, die auf die Fanseite dieses Restaurants gehen, zeigen, dass es Ihnen hier bereits gefallen hat.

Wir empfehlen: Bearbeiten Sie beide Optionen und stellen Sie das Publikum in beiden Fällen auf „Niemand".

Zahlungen

Dieser Abschnitt ist eine Art Kontoauszug zu Ihren Facebook-Gutschriften. Wenn Sie also in einem Spiel Gutschriften gewonnen haben oder eine Fanseite hat Ihnen einen Gutschriftbonus geschenkt: Hier sehen Sie Ihren aktuellen Stand.

Um selbst Gutschriften zu kaufen, können Sie hier die Verbindung zu richtigen Kontodaten herstellen (Master- oder Visa-Card).

In den Anwendungen selbst wird auch die Option angeboten, Gutschriften zu kaufen. Hier sind dann mehr Zahlungsmöglichkeiten gegeben (Amex, PayPal und viele mehr).

Ohne dringenden Bedarf, sozusagen auf Verdacht sollten Sie hier keine Kontoverbindungen angeben.

Supportkonsole

Wenn Sie etwas in Facebook als unseriös gemeldet haben (als Spam, als Belästigung, als Hassrede) oder wenn Sie Facebook ein Problem mitgeteilt haben, wird hier die weitere Korrespondenz zwischen Ihnen und Facebook dazu abgebildet. Einstellen können Sie hier nichts.

EIN STEIN IM SCHUH

In diesem Kapitel geht es um Belästigungen und Störungen bei der Nutzung von Facebook. Wir stellen die Maßnahmen hier jeweils mit „aufsteigender Strenge" vor, es beginnt also sanft und endet jeweils hart.

Ein unmöglicher Beitrag

Wenn jemand Unfug schreibt, dann gibt es zwar keinen „Gefällt mir nicht"-Knopf, aber Sie können natürlich einen entsprechenden Kommentar schreiben. Je kritischer Sie darin formulieren, desto sicherer wird das eine Diskussion auslösen. Gerade bei den anderen Freunden des Angegriffenen kann leicht ein Beschützerreflex ausgelöst werden. Nicht alle haben dabei immer gutes Benehmen. Denken Sie dann einfach: „Jeder blamiert sich, so gut er kann!" Wenn Sie nicht in einen Kommentarkleinkrieg eintauchen wollen, haben Sie durchaus noch andere Möglichkeiten der Reaktion:

■ Oben rechts im Beitrag ist ein kleiner Pfeil. Dahinter ist ein Menü, über das Sie „Verbergen" wählen können. Der Beitrag wird Ihnen dann nicht mehr in Ihren Neuigkeiten gezeigt.

■ Wenn der Beitrag in Ihrer Chronik steht: dort löschen. Es ist immer noch Ihre Chronik!

■ Den Autor abgestuft von sich entfernen (siehe Abschnitt „Freunde"). Die Freundschaft für einen Beitrag zu kündigen, ist da sicher schon eine hohe Strafe.

■ Den Beitrag selbst melden (wieder über den kleinen Pfeil oben rechts). Vorsicht: Es folgt hier kein weiteres Untermenü! Sie können Ihre Meldung allerdings einfach wieder rückgängig machen.

Ein böser Fremder

Er ist kein Freund und kein Gruppenmitglied, und doch ärgert Sie dieser Mensch immer wieder. Er markiert Fotos mit Ihrem Namen (obwohl Sie das gar nicht sind), er meldet Sie, er teilt öffentliche Beiträge von Ihnen und schreibt lächerliche Kommentare dazu, er setzt Sie auf den Verteiler peinlicher Nachrichten und, und, und.

Wieder können Sie diese Person blockieren und melden. Für die Blockade hat Facebook übrigens eine spezielle Funktion eingefügt, oben links unter dem Sicherheitsschloss: „Wie verhindere ich, dass mich jemand belästigt".

Und Sie können generell Abstand halten, nicht reagieren, nicht bissig zurückschreiben, das Ganze eben komplett ignorieren.

Hier sind noch einige Maßnahmen, die wir für sinnvoll in einem solchen (sehr seltenen) Fall halten:

■ Schränken Sie alle Privatsphäreeinstellungen von „Freunde von Freunden" auf „Freunde" ein.

■ Stellen Sie im Abschnitt „Nachrichten" (linke Leiste) oben unter „Sonstiges" > „Einstellungen bearbeiten" den Filter auf „streng".

■ Verlassen Sie Gruppen, in denen diese Person möglicherweise Mitglied ist.

■ Stellen Sie in den globalen Einstellungen (blaues Dreieck rechts oben) bei „Chronik und Markierungseinstellungen" ein, dass Sie über alle Markierungen (Orte, Fotos) informiert werden wollen und Markierungen auf Ihrer Chronik selbst freigeben wollen.

■ Nachdem Sie durch die oberen Schritte gegangen sind, schauen Sie sich in dem gleichen Abschnitt Ihre Chronik aus Sicht dieser Person an: Was ist noch von Ihnen öffentlich sichtbar? Sie können nicht komplett alles ausblenden. Machen Sie sich ein Bild, was selbst diese Person noch sehen kann, und berücksichtigen Sie das in der Zukunft.

Das klingt alles sehr gefährlich, ist es aber in der Praxis nicht. Die Chancen stehen gut, dass Sie nie in so eine Situation kommen.

WIESO GEHT DAS NICHT!?

Wir haben auf unserem Weg durch Facebook viele interessante Dinge gefunden und dabei gelernt: Auch Facebook macht Fehler. Wenn unser Beitrag nicht erscheint, das Foto nicht hochgeladen wird, die Einstellungen nicht übernommen werden, die Verbindung zu Twitter nicht funktioniert und so weiter, lässt uns das manchmal fast verzweifeln: Was ist denn hier bloß wieder verkehrt gelaufen?

Wenn etwas einfach nicht funktioniert

Uns sind keine spezifischen Problemlösungstricks für Facebook bekannt. Unsere Hilfen und Lösungswege sind die, die man auch bei anderen Programmen im Internet anwendet:

- Fünf Minuten warten und es dann noch mal versuchen.
- Abmelden und wieder anmelden.
- Abmelden, alle Web-Fenster schließen, Cache löschen (bei Mozilla Firefox in Extras > Einstellungen > Erweitert > Netzwerk; bei anderen Browsern finden Sie eine Anleitung im Internet), wieder anmelden.
- Abmelden, den Rechner ausstellen und dann alles wieder hochfahren.

Sie sollten auch Ihre Internetverbindung überprüfen. Vielleicht ist sie gestört oder überlastet, zum Beispiel durch andere Übertragungen, Datensicherungen oder Ähnliches. Möglicherweise ist auch „Ihr Internet zu langsam", das heißt, der Anschluss, den Sie verwenden, hat zu wenig Bandbreite, es passen zu wenig Signale pro Sekunde „durch die Leitung".

Wenn Ihre Verbindung über eine Mobilfunkleitung aufgebaut wurde, kann es hier leicht zu Engpässen kommen. Mobilfunkleitungen haben oft Bandbreitenschwankungen. Wenn Sie sich bei alledem noch bewegen, zum Beispiel mit der Bahn fahren, sollten Sie ohnehin für jede Minute stabile Verbindung einfach dankbar sein.

Weitere Verdächtige bei Problemen sind die verwendeten Kabel und Stecker sowie das Endgerät, der Laptop oder PC zum Beispiel.

Ist ein Virenschutz installiert? Sind die Virendaten aktualisiert? Schadsoftware kann auch über einen Anhang an eine Facebook-Nachricht verbreitet werden.

Facebook-Fehlermeldungen

Sie kennen sicher auch das Schmun-
zeln, das Worte wie „Schreibfuhler"
auslösen. Ob nun gewollt oder versehentlich (wir tippen auf Letzteres), Facebook hat so etwas auch eingebaut.

■ Gehen Sie in die Hilfe (kleines blaues Dreieck oben rechts).

■ Geben Sie ins Suchfeld der Hilfe
„Fehlermeldung" ein.

■ Kein Treffer? Bei uns auch nicht.

■ Geben Sie nun das falsch ge-
schriebene Wort „Fehlermedlung"
ein, d und l vertauscht.

Suchergebnisse für „Fehlermedlung"

FAQ (38) · Fragen der Community (0)

Ich erhalte eine Fehlermeldung, wenn ich meinen ersten PayPal-Einkauf
möchte.

Anwendungen, Spiele & Gutschriften » Facebook-Gutschriften: Zahlungsoptionen

Wenn dir bei der Durchführung eines Einkaufs von Facebook-Gutschriften mithilfe von Pay
Fehlermeldung angezeigt wird, kann unter Umständen ein Fehler mit dem Zahlungsinstru
PayPal-Konto aufgetreten sein.

Ich erhalte eine Fehlermeldung über einen ungültigen Link, wenn ich ve
Passwort mit dem entsprechenden Link zurückzusetzen.

Erste Schritte bei Facebook » Anmeldung » Fehler und bekannte Probleme

Wenn du eine Fehlermeldung über einen ungültigen Link zum Zurücksetzen deines Passw

Ich erhalte eine Fehlermeldung, die besagt, dass meine E-Mail-Adresse r

Vermutlich ist dieser Tippfehler längst behoben, wenn Sie das lesen, aber im Sommer 2013 war er da – und anscheinend auch
noch niemand aufgefallen. Google fand dazu jedenfalls nichts.

Facebook-Hilfe

Es gibt eine ganze Reihe von Fehlermeldungen bei Facebook. Sie
finden in der Facebook-Hilfe selbst zu vielen entsprechenden Fragen schon Antworten. Geben Sie einfach das Oberthema zu Ihrem
Problem oder zu der Fehlermeldung ein, etwa „Nachrichten" oder
„Gruppen". Suchen Sie auch in „Bekannte Probleme und Fehler"
und in den Fragen aus der Community (siehe „Facebook-Hilfe"
Seite 179).

Suchmaschinen-Hilfe

Sie können auch mit Google und anderen Suchmaschinen nach
Ihrer unverständlichen Fehlermeldung suchen. Geben Sie einfach
den kompletten Meldungstext oder eine entscheidende Passage
daraus mit vier bis zehn Wörtern bei Google ein, etwa: „Das Foto
konnte nicht hochgeladen werden." Das funktioniert überraschend gut, Google findet ziemlich sicher passende Beiträge zu Ihrer Fehlermeldung.

Warnungen, Blockierungen und Sperrungen

Um sicherzustellen, dass die Aggressionen, Belästigungen und kriminellen Verhaltensweisen, die theoretisch in einem sozialen Netzwerk möglich sind, möglichst früh und umfangreich abgefangen werden, hat Facebook ein Warnungs- und Sicherheitssystem eingerichtet. Es wird auf vielfältige Weise aktiv.

Warnung und Löschung

Eine noch relativ harmlose Maßnahme von Facebook ist die Warnung. Sie wird zum Beispiel ausgesprochen, wenn ein bestimmter Beitrag gemeldet wurde. Es kann auch sein, dass der Beitrag oder das dazugehörige Bild direkt entfernt werden. Sie können und sollten in so einer Situation noch etwas tiefere Ursachenforschung betreiben – einfach, um das Ganze zu verstehen und in Zukunft zu vermeiden. Verwenden Sie dazu die Facebook-Hilfe.

Facebook führt über solche Negativereignisse Buch. Sie werden auf dem persönlichen Konto gesammelt, so ähnlich wie Punkte in Flensburg. Es ist nicht dokumentiert, aber ziemlich sicher, dass zu viele Punkte zu einer Kontosperrung führen können.

Blockierungen

Wenn man es etwas ärger treibt, dann kann man auch befristet für bestimmte Funktionen blockiert werden. Man kann dann etwa keine Nachrichten mehr verschicken, weil man zu viele Fremde mit ungebetenen Nachrichten genervt hat. Wie lange so eine Blockierung dauert, Stunden oder Tage, ist nicht dokumentiert. Eine Blockierung ist ein echter Schuss vor den Bug. Wer weiter Spaß mit Facebook haben will, sollte sein Facebook-Verhalten in so einem Fall überprüfen.

Weitere Details zu Blockierungen finden Sie in der Facebook-Hilfe (Klick auf das kleine blaue Dreieck rechts oben).

Konto gesperrt

Die Kontosperrung ist die höchste Stufe der Facebook-Sanktionen. Sie kann mit, aber auch ohne Vorwarnung erfolgen.

Nehmen wir an, die Sperrung war „gefühlt" völlig unberechtigt – was soll man in so einem Fall tun? In der Facebook-Hilfe findet man hierzu Rat. Und man kann sie auch lesen, wenn das Konto gesperrt ist. Wir zeigen Ihnen hier, wie das geht.

Sie erinnern sich vielleicht an das Kapitel: „Facebook anonym nutzen" (siehe Seite 15). Wir haben noch vor einer Registrierung (also unangemeldet) bereits erste Bereiche von Facebook erkundet. Genauso erhalten Sie auch bei einem gesperrten Konto weiterhin Zugang zur Facebook-Hilfe. Wenn Sie es mal ausprobieren wollen, gehen Sie so vor:

■ Melden Sie sich bei Facebook ab, entfernen Sie das Häkchen „Angemeldet bleiben" (es sollte ohnehin nicht gesetzt sein!) und schließen Sie das Facebook-Fenster.

■ Rufen Sie in einem neuen Browserfenster „facebook.de" auf.

■ Es öffnet sich die Facebook-Anmeldeseite, aber Sie melden sich jetzt NICHT an.

■ Suchen Sie stattdessen ganz unten rechts den Begriff „Hilfe".

■ Klicken Sie darauf und geben Sie etwa im Suchfeld oben „gesperrt" ein.

■ Sie erhalten (Stand Sommer 2013) 28 Antworten von Facebook und weitere 15 aus der sogenannten Community, von den Mitnutzern also.

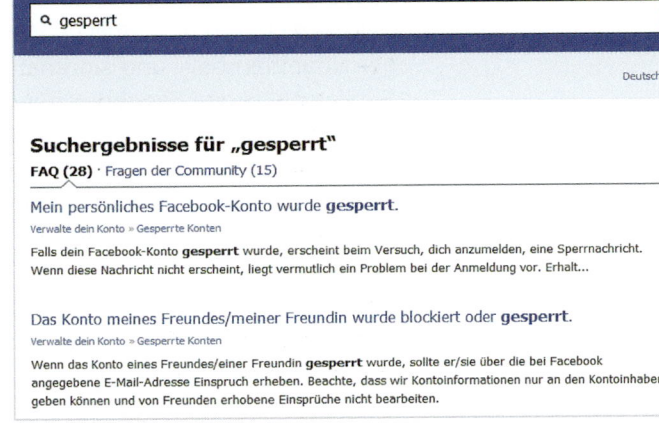

Sind damit jetzt alle Probleme gelöst? Das kann man leider nicht sagen. Denn die Ursache für die Sperrung kennen Sie so ja noch nicht. Und die Wege zur Aufhebung der Sperre setzen zum Teil Maßnahmen voraus, für die Sie durchaus angemeldet sein müssen. Im Wesentlichen handelt es sich um drei oder vier Vorsorgemaßnahmen.

Sie sollten sich auf einen solchen unwahrscheinlichen Fall vorbereiten und diese Maßnahmen ergreifen „solange noch die Sonne scheint" – solange Sie also ganz normalen Zugriff zu Facebook haben:

■ Definieren Sie eine Sicherheitsfrage.
■ Erfassen Sie ein SMS-fähiges Handy (das sind praktisch alle Mobiltelefone) in Ihrem Profil. Ein Smartphone muss es nicht sein.
■ Erfassen Sie eine weitere E-Mail-Adresse in Ihrem Profil (zum Beispiel bei web.de oder bei gmx.com kann man kostenlos E-Mail-Adressen anlegen).
■ Ernennen Sie drei bis fünf Ihrer Freunde in Facebook zu zuverlässigen Kontakten.

Arbeiten Sie die Liste am besten von oben nach unten ab, der vierte Punkt ist der am wenigsten wichtige. Wie Sie die einzelnen Punkte erledigen, haben wir im Kapitel „Einstellungen überprüfen und anpassen" (siehe Seite 182) ausführlich dargestellt.
Ein weiterer denkbarer Sperrgrund erscheint zunächst vielleicht etwas obskur, aber er ist gar nicht unwahrscheinlich: Angenommen, Sie stoßen per Zufall im Web auf eine Anleitung zum Bau einer Nagelbombe – und sind natürlich entsetzt. So entsetzt, dass Sie das gleich auf Facebook berichten, mit Bild und Link und Text. Was sollen nun die internationalen Kabel-Lauscher von Ihnen denken? Um zu erkennen, dass Sie entrüstet und natürlich dagegen sind, muss ja erst mal Ihr Text ausgewertet werden. Sicher ist nur: Sie haben böse Wörter und böse Links und böse Bilder verwendet, das haben dumme Maschinen sofort erkannt. Kann man den Lauschstellen verdenken, dass die sozusagen sicherheitshalber erst mal für ein paar Tage Ihr Konto „dichtmachen", bis das abgeklärt ist?
Ob Sie nun in echter Empörung terroristisches oder sexistisches oder „verbotenes" Vokabular benutzen – man kann sich jedenfalls viele solche Beispiele vorstellen. Dem Autor ist das bei Twitter geschehen, für einen Tag waren alle Follower und Zugänge gesperrt

– und einen Tag später kommentarlos wieder geöffnet, als wäre nichts geschehen.

Wenn die Hilfe nicht hilft, was kann man bei unberechtigten Sperrungen noch tun? Sie können Einspruch erheben! Wenn Sie das E-Mail-Formular hierfür in der Facebook-Hilfe nicht finden (es ist unter „Gesperrte Konten"), dann geben Sie zum Beispiel bei Google den Satz „Mein persönliches Facebook-Konto wurde gesperrt" ein. Weit oben in der Trefferliste ist ein Link auf eine Facebook-Seite, den Sie aufrufen. Er hat diese URL:

> **Mein persönliches Facebook-Konto wurde gesperrt.**
>
> Falls dein Facebook-Konto gesperrt wurde, erscheint beim Versuch, dich anzumelden, eine Sp
> Wenn diese Nachricht nicht erscheint, liegt vermutlich ein Problem bei der Anmeldung vor. Er
> Anmeldung.
>
> Wir sperren Facebook-Konten, die gegen unsere Bedingungen verstoßen. Dazu zählen:
>
> - Fortwährendes untersagtes Verhalten nach Erhalt einer Warnung oder mehrerer Warnu
>   Facebook.
> - Unerwünschter Kontakt mit anderen zum Zweck der Belästigung, Werbung, Reklame und
>   oder anderes unangemessenes Benehmen.
> - Verwendung eines falschen Namens.
> - Nachahmung einer Person bzw. Rechtsperson oder eine andere Falschdarstellung von Id
> - Das Posten von Inhalten, die gegen unsere Bedingungen verstoßen
>
> Bitte lies die Erklärung der Rechte und Pflichten von Facebook, um mehr über unsere Richtlini
> Falls du glaubst, dass dein Konto fälschlicherweise gesperrt wurde, kannst du Einspruch erhel
>
> War diese Antwort hilfreich? Ja · Nein

http://de-de.facebook.com/help/ 103873106370583/.

Ganz unten rechts auf der Seite finden Sie den Link zum E-Mail-Formular. Die Bearbeitungszeit für diesen Weg hängt vom Einzelfall ab. Zehn Tage sollten Sie vorsichtshalber einplanen.

Als vorletzte Maßnahme und mehr in die Zukunft gerichtet, wollen wir anregen, dass Sie alle Facebook-Regeln noch mal durchgehen und sich fragen, ob es vielleicht irgendwas an Ihrem Kommunikationsverhalten gibt, was zur Sperrung geführt haben könnte. Denn wenn die „Wasser wieder offen" sind, wollen Sie ja diesen Stress nicht gleich wieder haben.

Wenn das alles nichts hilft, kein Rat greift, Facebook nicht antwortet und das Konto auch nach einigen Wochen nicht wieder erreichbar ist – dann müssen Sie sich wohl oder übel eine neue Identität, ein neues Konto bei Facebook zulegen. Wenn Sie denn überhaupt noch Mitglied sein wollen.

Der Autor kennt allerdings niemand, der schon mal zu dieser Maßnahme greifen musste. Es geschieht wohl sehr selten.

OJE, ICH HABE EINEN FEHLER GEMACHT

Bei Facebook ist es fast unvermeidlich, auch mal Fehler zu machen. Doch das System ist im Großen und Ganzen sehr „verzeihend", vieles kann man rückgängig machen oder sonst irgendwie unter den Teppich kehren …

Fehler bei der Bedienung

Die meisten Fehler in Facebook sind Bedienungsfehler: hier vertippt, da mit der Maus „verklickt", Text nicht richtig gelesen und zugestimmt, obwohl man abbrechen wollte, Haken in falsches Kästchen gesetzt, es gibt viele Möglichkeiten.

Tippfehler im Beitrag

Die wenigsten Internetnutzer haben „Schreibmaschine" gelernt und beherrschen das professionelle 10-Finger-System. Die meisten verwenden ein angewöhntes 2–4–6-Finger-System mit einer hohen Fehlerrate – der Autor auch.

Facebook ist keine große Hilfe, die so unvermeidlich entstehenden Tippfehler zu erkennen. Eine Rechtschreibprüfung ist nicht integriert. Sie können aber über Ihren Browser so etwas installieren. Bei Mozilla Firefox zum Beispiel gibt es ein entsprechendes Add-on (<ädd-on>), das unter jede Eingabe, die nicht im Wörterbuch gefunden wird, eine rote Schlange zeichnet – ähnlich wie etwa bei Word. Für Facebook-Beiträge funktioniert das natürlich auch.

Im Übrigen: Wenn Sie sich bei einem Beitrag vertippt und den Beitrag schon gepostet haben – Pech! Sie können ihn nur löschen und dann einen neuen, nun korrekten Beitrag schreiben und posten – falls Sie das für so wichtig halten.

Gleiten Sie dazu in Ihrer Chronik (auf der Startseite ist die volle Funktion nicht verfügbar) mit der Maus über den Beitrag, oben rechts zeigt sich dann ein Feld „Bearbeiten oder entfernen".

Aber die Netzgemeinschaft ist eigentlich nicht so pingelig. Wenn Sie nicht gerade als Nachhilfelehrer für deutsche Rechtschreibung bekannt sein wollen, können Sie kleinere Unschärfen auch einfach so stehen lassen. Das sieht dann auf jeden Fall authentisch aus.

Kommentare

Kommentare können Sie – anders als Beiträge – auch noch nach dem Posten korrigieren.

Gefällt mir

Nach einem „Gefällt mir"-Klick steht da nun: „Gefällt mir nicht mehr". Noch ein Klick – und der Daumen ist wieder unten.

Bilder

Bilder, die Sie selbst eingestellt haben, können Sie immer wieder löschen. Sie können auch die Sichtbarkeit für das Publikum nachträglich ändern.
Solche Änderungen an einem Foto nehmen Sie am besten in Ihrer Chronik vor, mittlerer Reiter im Quermenü „Fotos".

Profildaten

In Ihren Stammdaten, den Informationen zu Ihrem Profil, können Sie natürlich immer Korrekturen vornehmen.

Sonstige Fehler

Es gibt noch viele weitere Möglichkeiten in Facebook, sich zu „verklicken". Und fast immer gibt es auch eine Möglichkeit, das irgendwie ungeschehen zu machen. Notfalls muss man eben die ganze Veranstaltung (Nachricht, Gruppe und so weiter) löschen und neu aufsetzen.
Wir haben schon gesehen, dass die Facebook-Hilfe nicht so schön nach konkreten Problemstellungen sucht, wie das etwa Google tut. Fragen kann man bei Facebook nicht eingeben.
Hier ist ein kleiner Trick, der Ihnen aber möglicherweise hilft: Suchen Sie nach „ich habe". Sie sehen dann eine Auswahl verschiedener Problemsituationen, deren Beschreibung immer mit diesen zwei Worten anfängt. Vielleicht ist Ihr Thema ja dabei.

Versehentliche Meldung

Meldungen sind ungefähr so etwas wie Anzeigen bei der Face-book-Polizei. Sie können erfolgen wegen Belästigung, Hassreden, Spam und aus manchen anderen Gründen. Je nachdem, was Sie gerade machen, können Sie Aktivitäten anderer „melden".

Wenn Sie jemanden oder etwas (eine Gruppe zum Beispiel) „mel-den", dann gibt es meistens noch eine Art Vorzimmer, bevor die Meldung wirklich rausgeht. Sie werden zum Beispiel in vielen Si-tuationen gebeten, Ihre Meldung zu konkretisieren. Aber dieses „Vorzimmer", in dem man sich noch mal überlegen kann: „Will ich das wirklich?", gibt es nicht immer! Manchmal geht die Meldung mit dem ersten Klick „raus".

Und: Eine Meldung ist schon eine recht harte Maßnahme. So aus Spaß oder um es auszuprobieren oder weil Ihnen jemandes Nase nicht gefällt, sollte man nicht melden. Es schädigt den oder die Be-troffenen und auch Sie.

Was also tun, wenn man in Eile oder sonstwie unbeabsichtigt den Meldeknopf gedrückt hat? So eine Meldung löst einen Bericht an Facebook aus. Und wenn der noch nicht bei Facebook eingegan-gen ist, dann können Sie ihn schnell wieder löschen. Sie finden Ih-re Kommunikation mit Facebook in der „Supportkonsole". Und die finden Sie unter dem kleinen blauen Dreieck oben rechts im Bereich „Einstellungen". Es ist das letzte Kapitel bei den Ein-stellungen.

ICH BIN DANN MAL WEG...

Sie können Ihr Konto sowohl deaktivieren als auch löschen. Die erste Maßnahme können Sie wieder aufheben, die zweite nicht. Wenn Sie aktuell gerade gar keine Zeit für Aktivitäten in Facebook haben und auch nicht die dauernden Anfragen von diesem Freund und jener Anwendung erhalten wollen, dann sollten Sie Ihr Konto deaktivieren. Sie können es irgendwann später mit allen verblie-

benen Freunden wieder aktivieren und praktisch da weitermachen, wo Sie aufgehört haben.

Wenn Sie aber gemerkt haben, dass Facebook einfach nichts für
Sie ist, außer eine Quelle für Ärger, Frust und vertane Zeit, dann ist
wohl die Löschung des Kontos der richtige Weg.

Ein Konto deaktivieren

Von einem deaktivierten Konto ist fast nichts mehr sichtbar. Insbesondere die Chronik und alle Kontoinformationen sind für andere
nicht mehr zugänglich. Niemand findet Sie bei einer Suche, und
niemand kann Ihnen Nachrichten schicken oder Sie auf einem Foto markieren.

Wenn Sie allerdings selbst zum Beispiel Nachrichten verschickt haben,
dann sind die im Nachrichtenkorb des
Empfängers noch vorhanden.

Um Ihr Konto zu deaktivieren, gehen
Sie so vor:

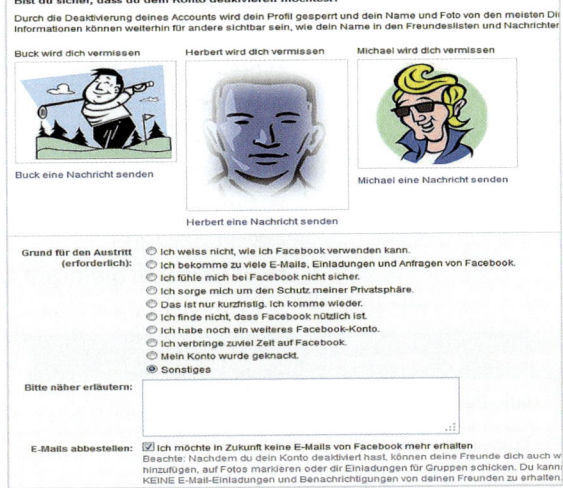

■ Klicken Sie auf das kleine blaue
Dreieck rechts oben.

■ Wählen Sie „Einstellungen".

■ Klicken Sie auf „Sicherheit".

■ Unter der Tabelle sehen Sie die
blaue Zeile „Konto deaktivieren".

■ Klicken Sie darauf. Keine Sorge, das
können Sie auch einfach mal aus rei-
ner Neugier machen. So einfach lässt
Facebook Sie nicht verschwinden ...

Sie können sich hier also noch von einigen oder allen Freunden
verabschieden. Und Facebook wüsste natürlich gerne, warum Sie
eigentlich weg wollen. E-Mails müssen Sie gesondert abschalten
(unten), das sollten Sie auf jeden Fall tun.

Die verschiedenen Gründe führen übrigens zu unterschiedlichen
weiteren Informationen und manchmal auch zu weiteren Handlungsoptionen. Wenn Sie zum Beispiel „Das ist nur kurzfristig. Ich

komme wieder" markieren, erfahren Sie, dass Sie eine Rolle als Gruppenadministrator nicht automatisch wieder erhalten, wenn Sie Ihr Konto wieder aktivieren.

Achten Sie darauf, dass Sie Ihr primäres E-Mail-Konto, mit dem Sie sich bei Facebook anmelden, behalten. Denn bei der Aktivierung bekommen Sie an dieses Konto wieder die entsprechende Bestätigungs-E-Mail.

Ein Konto löschen

Ein gelöschtes Konto kann nicht „wiederbelebt" werden, es ist aus Nutzersicht „weg", unwiederbringlich. Eine Kontolöschung muss bei Facebook beantragt werden – mit einem entsprechenden Antragsformular, es geht hier schließlich ordentlich zu.

Facebook rät, vor so einem Schritt zur Sicherheit die eigenen Daten herunterzuladen. Dem Rat sollten Sie folgen, später werden Sie nicht mehr an diese Informationen herankommen.

- Klicken Sie auf das kleine blaue Dreieck rechts oben.
- „Allgemeine Kontoeinstellungen" öffnet sich.
- Unter der Tabelle steht klein „Lade eine Kopie Deiner Facebook Daten herunter".
- Da klicken Sie drauf und folgen den weiteren Schritten.

Und so stellen Sie einen Antrag auf Kontolöschung:

- Klicken sie auf das kleine blaue Dreieck rechts oben.
- Wählen Sie „Hilfe".
- Geben Sie „Konto löschen" im Suchfeld ein und klicken Sie auf die kleine Lupe.
- Wählen Sie gleich den ersten Eintrag.
- In dem angezeigten Textfeld sehen Sie mehrere Optionen, eine davon (ganz unten) ist „Fülle dieses Formular aus". Wenn Sie hier klicken, kommen Sie zu einem

recht einfachen Dialog, in dem Sie Ihren Löschwunsch einfach noch einmal bestätigen – oder den Prozess abbrechen.

Facebook denkt allerdings, Ihr Löschwunsch könnte vielleicht aus einer (schlechten) Laune heraus entstanden sein, und wartet „ein paar Tage" (ca. zwei Wochen), bis wirklich gelöscht wird. Das Löschen selbst dauert dann noch mal bis zu drei Monate. Sollten Sie sich zwischenzeitlich wieder anmelden, gilt der Löschwunsch als storniert.

Wenn Sie also einige Tage später nur mal nachschauen wollen, ob nun auch wirklich alles weg ist – dann haben Sie Ihren Antrag auf Kontolöschung gerade zerrissen...

Wo sind meine Daten? Und welche Daten sind das überhaupt?

Beim Herunterladen Ihrer Daten erhalten Sie alles, was Facebook über Sie gespeichert hat. Und bei einer Kontolöschung wird dann alles gelöscht. So die Theorie.

Es hat allerdings den Anschein, als wäre das nicht die ganze Wahrheit. Vielmehr scheint es so, als wenn Facebook sehr viel mehr über uns speichert, als wir beim Herunterladen zu sehen bekommen. Und ebenso scheinen nicht alle Daten, die uns bekannten wie die uns unbekannten Daten, wirklich gelöscht zu werden.

Im Sommer 2013 erregte die Untersuchung eines jungen Studenten viel Aufmerksamkeit. Das Thema ist ausufernd, wir beschränken uns hier darauf, Ihnen zwei Internet-Links zu diesen Untersuchungen zu geben. Dort können Sie sich detaillierter informieren.

■ www.europe-v-facebook.org/DE/Datenbestand/datenbestand.html

■ www.computerbild.de/artikel/cb-Special-Facebook-Wichtige-Konto-Einstellungen-6125717.html#1

Wir halten diese Ausführungen für plausibel: Vermutlich ist es so, wie die Autoren dort schreiben.

DIE FEINEN
UNTERSCHIEDE

Eigentlich soll Facebook für alle gleich sein. Die Bildschirmdarstellung und einige Funktionen hängen aber davon ab, wo sich der Nutzer befindet, welche Sprache er spricht und auf welche technische Infrastruktur er zurückgreifen kann.

FACEBOOK AUF REISEN

Wenn Sie sich in einem anderen Land bei Facebook mit Ihrem Konto anmelden, wird Ihre bisherige Spracheinstellung natürlich übernommen. Nur weil Sie gerade in der Türkei sind, ist nicht plötzlich alles türkisch in Facebook. Aber manche andere Dinge können anders sein und Ihre Beachtung verdienen.

Die Verbindungsfrage
Die für Facebook notwendige Internetverbindung können Sie stets auf zwei Weisen herstellen, über eine Netzwerkverbindung (LAN und WLAN, in manchen Ländern auch „Wi-Fi" genannt) oder über ein Mobilfunknetz. Die Mobilfunkverbindung ist hier die zweitbeste Lösung. In den wenigsten Ländern ist das Netz so gut ausgebaut, dass eine stabile und angenehm schnelle Verbindung für die Facebook-Nutzung immer gegeben ist.

Die Kostenfrage
Auch unter Kostenaspekten ist Mobilfunk die zweite Wahl. Denn hier fallen sehr oft zusätzliche Kosten für das sogenannte Daten-

Roaming an, in praktisch allen Ländern. In Deutschland haben Sie vermutlich eine „Flatrate" für den Mobilfunk, da ist es egal, wie lange Sie wo mit Ihrem Handy surfen. Im Ausland kann das sehr schnell sehr teuer werden.
Selbst wenn Sie keine Alternative in Form einer WLAN-Verbindung haben, sollten Sie Ihr mobiles Gerät nicht dauerhaft für Daten-Roaming aktiviert haben. Daten-Roaming sollte nur angeschaltet sein, wenn Sie im Internet aktiv sind. Danach sollten Sie diese Funktion wieder abschalten. Ihr Handy würde sonst kontinuierlich Signale und Benachrichtigungen zum jeweils nächsten Knoten schicken und von dort andere empfangen und so ohne Ihr Zutun laufend Kosten auslösen.

Die Sicherheitsfrage

In Sachen Sicherheit nehmen sich die beiden Verbindungsarten (Mobilfunk und WLAN bzw. LAN) nicht viel. Je nach Reiseland kann es hier zwar Unterschiede geben, aber wer will mit Gewissheit sagen, welcher „Secret Service" an welchem Draht besonders aufmerksam lauscht?

Die Rechtsfrage

In manchen Ländern ist der Zugang zu bestimmten Internetseiten (zum Beispiel zu Facebook) schlicht unterbunden oder gar verboten. Man kann dort dann einfach nicht Facebook nutzen.

GERÄTE UND BETRIEBSSYSTEME

Wer das Internet nutzen kann, der hat auch Facebook-Zugriff. Doch es kann einige Unterschiede geben. Welche, das hängt ab vom Endgerät, auf dem die Anwendung aufgerufen wird, und von der „Umgebungssoftware", das heißt dem Betriebssystem und dem Browser. Wir stellen hier in aller Kürze einige dieser Unterschiede vor.

PCs und Laptops

PCs und Laptops mit Tastatur und Maus sind für die Facebook-Nutzung rein unter „Sicherheitsaspekten" die erste Wahl. Die Bedienung ist zuverlässiger, weniger anfällig für Anwenderfehler, die Verbindungen sind in aller Regel breitbandiger und robuster und die Geräte verfügen immer über genügend Kapazität. Zudem betreibt man hier Facebook nicht auf abgespeckten Apps, sondern stets in der „Internet-Vollversion".

Unter Windows

Die Bildschirmbilder (sogenannte Screenshots) für dieses Buch haben wir, wenn nichts anderes dabeisteht, auf einem PC unter Windows 7, einige auch auf einem Laptop (ebenfalls Windows 7) "geschossen". Unser Browser war Mozilla Firefox, Version 22.0. Unter den anderen gängigen Browsern (Internet Explorer, Opera, Chrome) sieht Facebook weitgehend identisch aus, und auch das Verhalten ist nahezu gleich oder zumindest sehr ähnlich.

Von Apple, also unter Mac OS

PCs und Laptops von Apple haben das Betriebssystem Mac OS und den Browser Safari. In dieser Softwareumgebung sieht Facebook im Prinzip wie unter Windows 7 und Firefox 22.0 aus. Auch das Verhalten ist nahezu gleich.

Mobile Geräte

Facebook auf mobilen Endgeräten (Smartphone oder Tablet-PC) zu nutzen, hat Vor- und Nachteile. Wir haben die wichtigsten in der Tabelle auf Seite 214 gegenübergestellt.

Mobile Apple-Geräte

Um Facebook auf iPhone, iPad oder iPad mini zu nutzen, haben Sie im Prinzip zwei Möglichkeiten:

■ Sie öffnen den Apple-Browser „Safari" und rufen damit Facebook wie auf jedem anderen internetfähigen Gerät auf („facebook.de"). Dann sieht für Sie Facebook ganz ähnlich wie auf irgendeinem PC oder Laptop, egal ob von Apple oder von anderen Anbietern.

■ Oder Sie verwenden die Facebook-App, die speziell für diese Geräte entwickelt wurde. Die Facebook-App hat nicht den ganzen Funktionsumfang, den die PC-Versionen haben. Dafür ist sie speziell auf die mobilen Bedürfnisse ausgerichtet. Man kann mit ihr zum Beispiel schnell Nachrichten austauschen, Freunde finden, Beiträge erstellen oder Orte markieren.

Grundsätzlich empfehlen wir Ihnen, den „Browser"-Weg zu gehen. Unser Hauptgrund: Er ist etwas sicherer. Die Facebook App

FÜR UND GEGEN DIE MOBILE FACEBOOK-NUTZUNG

Für	Gegen
Man hat zwar keine Maus und keine Tastatur. Zudem ist der Bildschirm oft recht klein. Aber die App ist auf diese eingeschränkten Möglichkeiten der Bedienung ausgerichtet.	Gerade auf dem kleinen iPhone-Display ohne Maus und Tastatur ist das Vertippen recht wahrscheinlich.
Alle wichtigen mobilen Facebook-Funktionen sind jederzeit verfügbar (Fotos zeigen, Orte markieren, Empfehlungen einholen, Beiträge schreiben, lesen, kommentieren und Vieles mehr).	Es stehen nur ausgewählte Funktionen zur Verfügung. Gerade bei der Suche fehlt sehr viel.
In langweiligen Momenten (in der Bahn, beim Arzt) kann man spielen oder Nachrichten von Freunden lesen.	Im Ausland kann die laufende Facebook-Nutzung durch das kontinuierliche Daten-Roaming (Mobilfunk) schnell teuer werden.
Mit dem Facebook-Login sind auch viele andere mobile Social Apps (zum Beispiel „Four Square") leichter zu nutzen. So kann man etwa auf lokale Angebote und Ereignisse hingewiesen werden.	Eine durchgehende Lokalisierung, eine Art „Bewegungsprofil" wird ermöglicht, insbesondere durch Verbindungen mit anderen mobilen Social Apps wie etwa „Four Square".
In einer WLAN/Wi-Fi-Umgebung kann man den Facebook-Messenger statt SMS nutzen und Geld sparen.	Eigene Daten werden unverschlüsselt versendet, keine Firewall schützt.

ist sehr viel enger mit Ihren Kontakten, Fotos und Terminen verzahnt, die Sie auf dem Gerät auch verwalten. Sie greift gerne hier und da zu, wenn man es ihr nicht ausdrücklich untersagt. Sie schickt Daten über Ihren Standort und zu anderen App-Nutzungen an Werbekunden – auch das müssen Sie ihr erst verbieten.

Aber die App hat auch Vorteile. Sie können zum Beispiel hier nach Bedarf Push-Benachrichtigungen einstellen, sodass Sie jederzeit sehen, wenn etwas Neues auf Facebook geschehen ist (das Gegenteil, Pull-Benachrichtigungen, muss man aktiv abrufen). Oder Sie können den „Messenger" nutzen, eine Art kostenlose SMS-Alternative. Und Sie können sonst kostenpflichtige Apps und Spiele auf der Facebook-Plattform kostenlos nutzen.

Auf den folgenden zwei Bildern sehen Sie die grafischen Unterschiede dieser beiden Wege für das iPad.

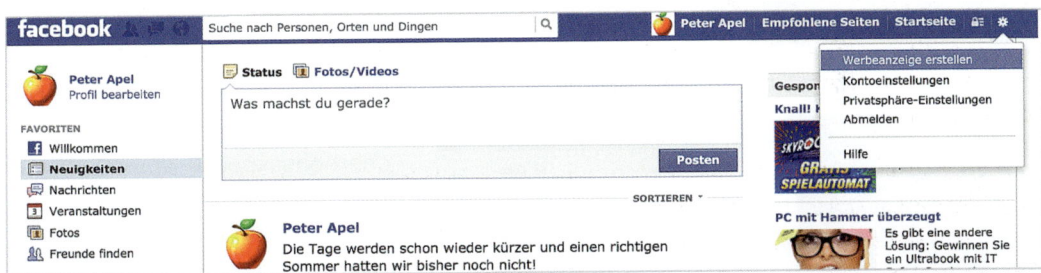

Keine Frage: völlig identisch sieht das nicht aus! Vieles, was im Browser oben quer angeordnet war, ist in der App an den dunklen linken Rand gerutscht.

Beim iPhone sieht es im Prinzip wie beim iPad aus. Hier kann man in der App zusätzlich den gesamten hellen Bereich der Neuigkeiten von rechts nach links schieben. Dann erscheinen rechts die Freunde und Gruppen für die direktere Kommunikation.

Die wichtigen Einstellungsoptionen von Facebook sind in der App links ganz unten angeordnet.

Mobile Android-Geräte

Im Prinzip besteht für mobile Android-Geräte die gleiche Alternative wie auch für das iPhone: Facebook im jeweiligen Browser nutzen oder die entsprechende App (diesmal nicht aus Apples iTunes Store, sondern aus dem Googles Play Store) verwenden.

Je nach Gerät und Browser fällt der Vergleich zwischen diesen beiden Optionen rein optisch unterschiedlich aus. Der optische Eindruck ist fast gleich, die App wirkte hier ein wenig „aufgeräumter" als die Browserlösung. Die Sicherheitsaspekte sprechen aus unserer Sicht allerdings weiterhin für diesen Weg – mit den gleichen Argumenten wie im Falle iPhone.

Hinzu kommt, dass eine iPhone-Anwendung angeblich strengere Aufnahmeprüfungen in Sachen Sicherheit bei Apple bestehen muss, um in den Store aufgenommen zu werden, als eine Android-App für Googles Play Store. Wir konnten dies nicht überprüfen, aber es erscheint plausibel. Anders gesagt: Die Wahrscheinlichkeit ist bei Android-Geräten vermutlich etwas größer, dass neben braven Apps auch einige „böse" auf dem Gerät installiert sind.

Datenschutz auf mobilen Geräten

Die Einstellungen Ihres Facebook-Kontos gelten überall, auf einem PC wie auf einem Smartphone. Einige wenige Zusatzeinstellungen, die auf einem PC keinen Sinn machen (zum Beispiel zu Push-Benachrichtigungen), ändern an diesem Prinzip nichts. Und doch gibt es Besonderheiten zu berücksichtigen, wenn Facebook auf mobilen Geräten genutzt wird.

Mobile Geräte sind von Hause aus anfälliger gegen Angriffe als feste, die immer am gleichen Platz stehen oder nur in wenigen Räumen genutzt werden. Zu den „normalen" Datenschutzanforderungen kommen hier mobilitätsspezifische hinzu. Weitere Ausführungen hierzu finden Sie unter anderem in der test-Ausgabe 7–2013. Hier sind einige Empfehlungen für einen sichereren Umgang mit Smartphones:

■ Aktivieren Sie einen PIN (Nummerncode) zur generellen Gerätesperrung.

■ Übertragen Sie über öffentliche Hotspots (Flughafen, Hotel) keine persönlichen Daten.

■ Halten Sie das Betriebssystem des Gerätes immer aktuell, stimmen Sie allen Updates zu.

■ Laden Sie Apps nur aus den offiziellen Stores von Apple, Google oder dem Store des Geräteherstellers.

■ Laden Sie keine Apps, die einen sogenannten Jailbreak (<dschäilbräik>, wörtlich „Gefängnisausbruch") voraussetzen.

■ Führen Sie regelmäßig Sicherungen Ihrer wichtigen Daten (Adressen, Termine, Mails, Notizen, Portfolios) durch. Besser als Cloud-Lösungen mit Servern irgendwo sind Sicherungen auf den heimischen PC.

iPhone und iPad

Im iPhone und iPad gibt es eine ganze Reihe von Geräteeinstellungen, die sich auf einzelne installierte Apps beziehen. Hiervon ist

auch Facebook betroffen. Wir stellen die wichtigsten iPhone-Einstellungen hier kurz vor.

Der zentrale Ort für diese Einstellungen ist das graue Zahnrad.

Die Stellen, an denen Facebook-relevante Punkte eingestellt oder aufgerufen werden können, gehen wir nun von oben nach unten durch:

■ Mitteilungen > Facebook: Hier stellen Sie ein, wo und wie Nachrichten und Benachrichtigungen auf dem iPhone angezeigt werden. Wir empfehlen „In der Zentrale", „5 benutzte Objekte", „Banner", „Kennzeichensymbol", „keine Töne", „Im Sperrbildschirm".

■ Allgemein > Info > Werbung: „Ad-Tracking beschränken" aktivieren. So werden Werbekunden nicht informiert, wenn Sie einer Anzeige oder einer Fanseite folgen.

■ Allgemein > Info > Diagnose & Nutzung: „Nicht senden" aktivieren. Möglicherweise sind hier auch Nutzungsdaten dabei, die dem guten Zweck der Fehlerdiagnose und Nutzungsoptimierung nicht wirklich entsprechen.

■ Allgemein > Benutzung > Facebook: Nur zur Info, aber recht interessant: So viel Platz benötigt die Facebook-App auf Ihrem iPhone – und so viel Ihre persönlichen Daten bei Facebook.

■ Allgemein > Mobiles Netz > Datenroaming: Hier schalten Sie im Ausland den kontinuierlichen und meist teuren Datenaustausch ab und wieder an.

■ Allgemein > Einschränkungen > Facebook: muss erst generell aktiviert werden, um einzelnen Apps gezielt Zugriffe zu verbieten. Wir sehen hier keinen Bedarf.

■ Töne > Facebook-Post: Hier stellen Sie den „Klingelton" beim Eingang neuer Beiträge ein – wenn es denn „klingeln" soll.

■ Datenschutz > Facebook: Facebook selbst muss hier aktiviert sein, aber weitere Apps eigentlich nicht. Apps, die zugreifen können, können Ihr öffentliches Facebook-Verhalten sowie Ihre öffentlichen Stammdaten und Freundeslisten „lesen".

■ Facebook > Einstellungen: Hier legen Sie fest, welche „Sinne" Facebook aktivieren soll bei Benachrichtigungen.

All dies sind Einstellungsoptionen und Informationen Ihres iPhones, die in Zusammenhang mit Facebook relevant sein können. Das Gerät hat noch sehr viel mehr Möglichkeiten, aber das gehört nicht hierher. Wir verweisen auf die entsprechende Bedienungsanleitung von Apple und den Ratgeber „iPhone und iPad für Einsteiger" aus der gleichen Reihe wie dieses Buch.

Android-Geräte

Wir können im Rahmen dieses Buches nicht auf die gerätespezifischen Einstellungen der einzelnen Android-Geräte (Samsung, HTC, Blackberry und viele mehr) in Sachen Facebook eingehen. Wir empfehlen Ihnen allerdings, eine Sicherheitssoftware auf Ihrem Smartphone zu installieren, eine Art Virenschutz.

In unserer test-Ausgabe 7–2013 haben wir einen Vergleich von 15 solchen Anwendungen vorgestellt. Nur vier davon haben zwar das Urteil „gut" erhalten – eine davon ist allerdings sogar kostenlos. Die anderen liegen zwischen 20 und 30 Euro. In dem Heft finden Sie auch weitere Tipps und Hinweise, wie Sie mehr Sicherheit mit Ihrem Smartphone erreichen.

REGISTER

IMPRESSUM

© 2013 Stiftung Warentest, Berlin

Stiftung Warentest
Lützowplatz 11–13
10785 Berlin
Telefon 0 30/26 31–0
Fax 0 30/26 31–25 25
www.test.de
email@stiftung-warentest.de

USt.-IdNr.: DE136725570

Vorstand: Hubertus Primus
Weiteres Mitglied der Geschäftsleitung:
Dr. Holger Brackemann
(Bereichsleiter Untersuchungen)

Programmleitung: Niclas Dewitz
Autor: Peter Apel
Projektleitung/Lektorat: Uwe Meilahn
Mitarbeit: Veronika Schuster
Korrektorat: Karin Schulze-Langendorff, Wismar

Titelentwurf: Susann Unger, Berlin
Layout: Pauline Schimmelpenninck Büro für
Gestaltung, Berlin; Sylvia Heisler
Screenshots: Peter Apel
Bildredaktion: Sylvia Heisler
Bildnachweis: gettyimages/Muharrem Oner, think-
stock (Titel); shutterstock (S. 3, 4, 12, 146, 178, 210);
thinkstock (S. 3)

Produktion: Sylvia Heisler, Vera Göring
Verlagsherstellung: Rita Brosius (Ltg.), Susanne Beeh
Litho: Sylvia Heisler; tiff.any, Berlin
Druck: Rasch Druckerei und Verlag GmbH & Co. KG,
Bramsche

ISBN: 978-3-86851-217-5